AF139132

Oscar Wilde

Ein idealer Ehemann

Ins Deutsche übertragen von
Michael Rasmus Schernikau

Bibliografische Information der Deutschen Nationalbibliothek:
Die Deutsche Nationalbibliothek verzeichnet diese
Publikation in der Deutschen Nationalbibliografie;
detaillierte bibliografische Daten sind im Internet über
http://dnb.dnb.de abrufbar.

Übersetzung © 2015 Michael Rasmus Schernikau.

Bildmaterial Cover: thinkstockphotos.de
 (hayatikayhan/iStock/Thinkstock;
 kwasny221/iStock / Thinkstock;
 Andreas Meyer/Hemera/Thinkstock)
Fonts (Cover, Buchblock): Vollkorn. Copyright © 2013 by
 Friedrich Althausen (http://friedrichalthausen.de).
 All rights reserved. This Font Software is licensed under the
 SIL Open Font License, Version 1.1.

Herstellung und Verlag: BoD – Books on Demand,
 Norderstedt

ISBN: 978-3-7386-5772-2

Inhaltsverzeichnis

Personen

LORD CAVERSHAM (EARL OF
 CAVERSHAM), *Ritter des Hosenbandordens*
LORD ARTHUR GORING
 (VISCOUNT GORING), *sein Sohn*
SIR ROBERT CHILTERN, *Staatssekretär im
Außenministerium*
VICOMTE DE NANJAC, *Attaché an der
französischen Botschaft in London*
MR MONTFORD
MASON, *Sir Robert Chilterns Butler*
PHIPPS, *Lord Gorings Butler*
JAMES}
HAROLD } *weitere Diener*

LADY CHILTERN
LADY MARKBY
LADY BASILDON
MRS MARCHMONT
MISS MABEL CHILTERN, *Sir Roberts Schwester*
MRS CHEVELEY

Ort: London
Zeit: Gegenwart (1895)
Die Handlung des Stücks spielt sich innerhalb von

vierundzwanzig Stunden ab.

I. Akt

Der achteckige Saal in Robert Chilterns Haus am Grosvenor Square.

Der Saal ist strahlend hell erleuchtet und voller Gäste. Oben am Treppenaufgang steht LADY CHILTERN, eine Frau von ernster, griechischer Schönheit, ungefähr 27 Jahre alt. Sie empfängt die Gäste, die heraufkommen. Über dem Treppenschacht hängt ein ausladender Kronleuchter mit Wachskerzen, die einen französischen Gobelin aus dem 18. Jahrhundert – den „Triumph der Liebe", nach einer Zeichnung von Boucher, – über dem Schacht beleuchten. Rechts ist der Eingang zum Musikzimmer, aus dem man die schwachen Klänge eines Streichquartetts vernimmt. Der Eingang zur Linken führt zu anderen Empfangszimmern. MRS MARCHMONT und LADY BASILDON, zwei überaus hübsche Frauen, sitzen zusammen auf einem Louis Seize-Sofa. Sie sind zwei ausnehmend zarte Erscheinungen, deren gespreiztes Benehmen einen köstlichen Reiz hat. Watteau hätte sie gerne gemalt.

MRS MARCHMONT: Gehst du heute Abend noch

zu den Hartlocks, Margaret?

LADY BASILDON: Ich denke mal, ja. Gehst du?

MRS MARCHMONT: Ja. Grässlich langweilige Partys geben sie, nicht wahr?

LADY BASILDON: Entsetzlich langweilige Partys. Ich weiß wirklich nicht, wieso ich hingehe. Ich weiß eh nicht, warum ich irgendwo hingehe.

MRS MARCHMONT: Hierher komme ich für meine Bildung.

LADY BASILDON: Ach, ich hasse es, gebildet zu **werden**.

MRS MARCHMONT: **Das** tu ich auch. Es stellt einen beinahe schon auf eine Ebene mit der Schicht der Kaufleute. Aber unsere liebe Gertrude sagt mir immer, ich solle doch ein ernsthaftes Ziel in meinem Leben haben. Deshalb komme ich hierher und versuche, eines zu finden.

LADY BASILDON *sieht sich durch ihre Lorgnette um*: Heute Abend sehe ich hier niemanden, den man möglicherweise ein ernsthaftes Ziel nennen könnte. Der Herr, der mich vorhin zu Tisch geführt hat, hat die ganze Zeit nur von seiner Frau gesprochen.

MRS MARCHMONT: Wie trivial von ihm!

LADY BASILDON: Schrecklich trivial! Worüber hat dein Tischherr gesprochen?

MRS MARCHMONT: Über mich.

LADY BASILDON *matt*: Und warst du interessiert?

MRS MARCHMONT *schüttelt den Kopf*: Nicht im Geringsten.

LADY BASILDON: Was sind wir doch für arme Opferlämmer!

MRS MARCHMONT *sich erhebend*: Und wie gut uns das steht!

Sie erheben sich und gehen auf das Musikzimmer zu. Der VICOMTE DE NANJAC, ein junger Attaché, der für seine Krawatten und seine Anglomanie bekannt ist, nähert sich ihnen mit einer tiefen Verbeugung und knüpft ein Gespräch an.

MASON *meldet vom oberen Treppenabsatz Gäste:* Mr und Lady Jane Barford. Lord Caversham.

LORD CAVERSHAM tritt auf. Er ist ein vornehmer alter Herr von siebzig Jahren und trägt Band und Stern des Hosenbandordens. Ein prächtiger typischer Vertreter eines Whigs, fast wie ein Portrait von Lawrence.

LORD CAVERSHAM: Guten Abend, Lady Chiltern, ist dieser junge Nichtsnutz von meinem Sohn hier?

LADY CHILTERN *lächelnd*: Ich glaube nicht, dass **Lord Goring** schon gekommen ist.

MABEL CHILTERN *geht auf LORD CAVERSHAM zu*: Warum nennen Sie Lord Goring einen Nichtsnutz?

MABEL CHILTERN ist ein Musterbeispiel für den englischen Typ von Schönheit, den Apfelblüten-Typ. Sie umweht die natürliche Ungezwungenheit einer Blume. In ihren Haaren funkelt nur so der

Sonnenschein und ihr kleiner Mund mit den halb geöffneten Lippen ist erwartungsvoll wie der Mund eines Kindes. Sie besitzt die faszinierende Tyrannei der Jugend und den verblüffenden Mut der Unschuld. Vernunftmenschen würde sie nie an ein Kunstwerk erinnern. In Wirklichkeit hat sie was von einem Tanagra-Figürchen und wäre äußerst ungehalten, wenn sie das zu hören bekäme.

LORD CAVERSHAM: Weil er so ein müßiges Leben führt.

MABEL CHILTERN: Wie können Sie nur so etwas sagen! Morgens um Zehn reitet er auf der Rotten Row durch den Park, er geht dreimal die Woche in die Oper, zieht sich mindestens fünfmal am Tag um, und in der Saison speist er jeden Abend außer Haus. Das können Sie doch nicht ernsthaft ein müßiges Leben nennen?

LORD CAVERSHAM *sieht sie mit einem freundlichen Augenzwinkern an*: Sie sind eine reizende junge Dame.

MABEL CHILTERN: Wie lieb von Ihnen, Lord Caversham. Besuchen Sie uns doch öfter. Sie wissen, wir empfangen jeden Mittwoch, und Sie sehen so gut aus mit Ihrem Orden!

LORD CAVERSHAM: Ich gehe jetzt nirgends mehr hin. Ich habe die Londoner Gesellschaft so was von satt. Es würde mir nichts ausmachen, wenn mir mein eigener Schneider vorgestellt würde, er stimmt immer für die richtige Seite. Aber die Hutmacherin meiner Frau zu Tisch führen zu müssen, das lehne ich entschieden ab. Ich habe Lady Cavershams Hüte noch nie leiden können.

MABEL CHILTERN: Oh, ich liebe die Londoner Gesellschaft! Ich glaube, sie hat sich ungeheuer verbessert. Sie besteht jetzt aus schönen Schwachköpfen und brillanten Irren. Genau so, wie eine Gesellschaft sein sollte.

LORD CAVERSHAM: Hmmh... und was ist Goring? Ein schöner Schwachkopf... oder das Andere?

MABEL CHILTERN *ernst*: Ich habe mich genötigt gesehen, Lord Goring vorerst in eine Klasse für sich einzuordnen. Aber er entwickelt sich reizend.

LORD CAVERSHAM: Wozu?

MABEL CHILTERN *macht einen leichten Knicks*: Das hoffe ich Ihnen bald mitteilen zu können, Lord Caversham.

MASON *meldet Gäste*: Lady Markby. Mrs Cheveley.

LADY MARKBY und MRS CHEVELEY treten auf. LADY MARKBY ist eine heitere, freundliche, allseits beliebte Dame mit grauem Haar, das à la marquise frisiert ist, und mit Spitzen von hoher Qualität. MRS CHEVELEY, die sie begleitet, ist groß und ziemlich schlank. Sie hat sehr dünne, stark geschminkte Lippen - einen scharlachroten Strich in einem bleichen Gesicht -, venezianisch rotes Haar, Adlernase und einen langen Hals. Rouge unterstreicht die natürliche Blässe ihres Gesichtes. Ihre graugrünen Augen blicken unruhig umher. Sie trägt ein blauviolettes Kleid und Diamanten. Sie ähnelt etwas einer Orchidee und stellt große Ansprüche an die Neugier ihrer Mitmenschen. Alles in allem ist sie ein Kunstwerk, das jedoch den Einfluss zu vieler Schulen zeigt.

LADY MARKBY: Guten Abend, liebe Gertrude. Das ist wirklich nett von Ihnen, dass ich meine Freundin, Mrs Cheveley mitbringen durfte. Zwei so reizende Frauen sollten einander kennenlernen!

LADY CHILTERN *geht mit strahlendem Lächeln auf MRS CHEVELEY zu. Plötzlich bleibt sie stehen und neigt recht kühl den Kopf.* Ich glaube, Mrs Cheveley und ich sind uns schon einmal begegnet. Ich wusste nicht, dass sie noch einmal geheiratet hat.

LADY MARKBY *aufgeräumt.* Ach, heutzutage heiraten die Leute doch so oft sie können. Es ist so was von angesagt. *Zur HERZOGIN VON MARYBOROUGH* Na, liebe Herzogin, wie geht's dem Herzog? Immer noch schwach im Kopf, nehme ich an? Nun, das war ja wohl nicht anders zu erwarten. Seinem armen Vater ging's ebenso. Es geht doch nichts über einen alten Stammbaum.

MRS CHEVELEY *mit ihrem Fächer spielend.* Sind wir uns wirklich schon einmal begegnet, Lady Chiltern? Ich kann mich nicht erinnern, wo. Ich war so lange nicht mehr in England.

LADY CHILTERN: Wir sind zusammen zur Schule gegangen, Mrs Cheveley.

MRS CHEVELEY *hochmütig*: Wirklich? Ich habe meine Schulzeit ganz vergessen. Ich habe den vagen Eindruck, dass sie abscheulich war.

LADY CHILTERN *kalt*: Das überrascht mich nicht.

MRS CHEVELEY *äußerst freundlich*: Wissen Sie, Lady Chiltern, ich freue mich schon so darauf, Ihren cleveren Ehemann kennenzulernen. Seit er im Außenministerium arbeitet, wird in Wien so viel von ihm gesprochen. Sie schaffen es jetzt sogar, seinen Namen in den Zeitungen richtig zu schreiben. Schon allein das bedeutet Ruhm auf dem Kontinent.

LADY CHILTERN: Ich glaube kaum, Mrs Cheveley, dass zwischen Ihnen und meinem Mann viele Gemeinsamkeiten bestehen werden. *Rauscht ab.*

VICOMTE DE NANJAC: Ah! Chère Madame, quelle surprise. Ich habe Sie seit Berlin nicht mehr gesehen.

MRS CHEVELEY: Seit Berlin nicht mehr, Vicomte. Das ist jetzt fünf Jahre her.

VICOMTE DE NANJAC: Und Sie sind jünger und schöner als je zuvor. Wie machen Sie das nur?

MRS CHEVELEY: Indem ich es mir zur Regel mache, nur mit so vollkommen reizenden Leuten wie Ihnen zu sprechen.

VICOMTE DE NANJAC: Ah, Sie schmeicheln mir. You butter me … Sie schmieren mir Honig in den Bart, wie es hierzulande so schön heißt.

MRS CHEVELEY: Heißt es so? Wie schrecklich!

VICOMTE DE NANJAC: Ja, Englisch ist eine wundervolle Sprache. Sie sollte weiter verbreitet sein.

SIR ROBERT CHILTERN tritt auf. Er ist vierzig, sieht jedoch viel jünger aus. Glatt rasiert, mit fein geschnittenen Gesichtszügen, dunklen Haaren und dunklen Augen. Er ist eine eindrucksvolle Persönlichkeit. Er ist nicht beliebt – das sind nur wenige Persönlichkeiten. Aber er wird von der Mehrzahl der Menschen in hohem Maße

*respektiert und von den wenigen, die ihn
verstehen, zutiefst bewundert. In seinem
Auftreten liegt eine vollendete Vornehmheit mit
einem leichten Anflug von Hochmut. Man fühlt,
dass er sich der Erfolge, die er in seinem Leben
errungen hat, wohl bewusst ist. Ein reizbares
Temperament mit einem müden Blick. Sein scharf
geschnittener Mund und das Kinn bilden einen
auffallenden, verblüffenden Kontrast zu dem
romantischen Ausdruck seiner tief liegenden
Augen. Dieser Gegensatz deutet auf eine fast
vollständige Trennung von leidenschaftlichen
Gefühlen und kühlem Verstand hin, gerade so als
ob Verstand und Gefühl durch die Gewalt seiner
Willenskraft allein auf ihren jeweils eigenen
Bereich beschränkt seien. Seine Nasenlöcher und
die blassen, dünnen, spitz zulaufenden Hände
zeugen von Reizbarkeit. Ihn als malerisch zu
bezeichnen, wäre falsch. Das Malerische kann im
Unterhaus nicht bestehen. Aber Van Dyck hätte
gerne seinen Kopf gemalt.*

SIR ROBERT CHILTERN: Guten Abend, Lady
Markby! Ich hoffe, Sie haben Sir John
mitgebracht?

LADY MARKBY: Oh, ich habe jemand weitaus

reizenderen als Sir John mitgebracht. Sir Johns Laune ist einfach unerträglich geworden, seitdem er sich ernsthaft der Politik zugewandt hat. Also wirklich, jetzt wo das Unterhaus versucht, sich nützlich zu machen, richtet es eine Menge Schaden an.

SIR ROBERT CHILTERN: Das will ich nicht hoffen, Lady Markby. Auf jeden Fall tun wir doch unser Bestes, um die öffentliche Zeit zu verschwenden. Aber wer ist diese reizende Dame, die Sie freundlicherweise zu uns mitgebracht haben?

LADY MARKBY: Sie heißt Mrs Cheveley. Eine von den Cheveleys aus Dorsetshire, nehme ich an. Aber ich weiß es wirklich nicht. Die Familien sind heutzutage ja so durcheinandergemischt. Tatsächlich stellt sich in der Regel jeder als irgend jemand anderer heraus.

SIR ROBERT CHILTERN: Mrs Cheveley? Der Name kommt mir bekannt vor.

LADY MARKBY: Sie ist gerade erst aus Wien eingetroffen.

SIR ROBERT CHILTERN: Oh ja. Ich glaube, ich weiß, wen Sie meinen.

LADY MARKBY: Übrigens geht sie dort überall hin und kennt so schöne Skandalgeschichten über alle ihre Freunde. Ich muss wirklich mal nach Wien nächsten Winter. Ich hoffe nur, sie haben einen guten Koch in der Botschaft.

SIR ROBERT CHILTERN: Wenn nicht, wird man den Botschafter sicher abberufen müssen. Bitte zeigen Sie mir doch Mrs Cheveley. Ich würde zu gerne sehen, wer das ist.

LADY MARKBY: Darf ich Sie beide miteinander bekannt machen? *Zu Mrs Cheveley* Meine Liebe, Sir Robert Chiltern stirbt vor Verlangen, Sie kennenzulernen.

SIR ROBERT CHILTERN *verneigt sich*: Jeder stirbt vor Verlangen, die sagenhafte Mrs Cheveley kennenzulernen.

MRS CHEVELEY: Danke, Sir Robert. Eine Bekanntschaft, die mit einem Kompliment beginnt, wird sich ganz sicher zu einer echten Freundschaft entwickeln. Sie fängt schon einmal richtig an. Übrigens habe ich festgestellt, dass ich Lady Chiltern bereits kenne.

SIR ROBERT CHILTERN: Wirklich?

MRS CHEVELEY: Ja. Sie hat mich gerade daran erinnert, dass wir zusammen zur Schule gegangen sind. Ich entsinne mich jetzt. Sie hat immer den Preis für gutes Betragen bekommen. Ich sehe es noch deutlich vor mir, wie Lady Chiltern immer den Preis für gutes Betragen bekommen hat.

SIR ROBERT CHILTERN *lächelnd*: Und was für Preise erhielten Sie?

MRS CHEVELEY: Meine Preise stellten sich etwas später im Leben ein. Ich glaube nicht, dass auch nur irgendeiner für gutes Betragen war... Ich hab's vergessen!

SIR ROBERT CHILTERN: Sie waren ganz gewiss für etwas Reizendes!

MRS CHEVELEY: Ich weiß nicht, ob Frauen immer dafür belohnt werden, wenn sie reizend sind. Gewöhnlich werden sie dafür bestraft, glaube ich. Bestimmt altern heutzutage mehr

Frauen durch die Treue ihrer Verehrer als durch sonst was. Zumindest kann ich mir nur so das schrecklich verhärmte Aussehen der meisten hübschen Frauen hier, bei euch in London, erklären.

SIR ROBERT CHILTERN: Nach was für einer entsetzlichen Philosophie klingt das denn! Schon der Versuch, Sie in ein Schema stecken zu wollen, Mrs Cheveley, wäre eine Frechheit, aber darf ich Sie fragen, ob Sie im Grunde Ihres Herzens eine Optimistin oder eine Pessimistin sind? Das scheinen die einzigen beiden angesagten Religionen zu sein, die uns heute noch geblieben sind.

MRS CHEVELEY: Keines von beiden. Optimismus beginnt mit einem breiten Grinsen und beim Pessimismus sieht man zum Schluss die Welt nur noch durch eine dunkle Brille. Außerdem ist beides nur Pose.

SIR ROBERT CHILTERN: Sie ziehen es vor, natürlich zu sein?

MRS CHEVELEY: Manchmal. Aber diese Pose lässt sich so schwer aufrechterhalten.

SIR ROBERT CHILTERN: Was würden die modernen, psychologischen Romanautoren, von denen wir so viel hören, zu so einer Theorie sagen?

MRS CHEVELEY: Ach! Die Stärke der Frauen beruht auf der Tatsache, dass uns die Psychologie nicht zu deuten vermag. Männer kann man analysieren, Frauen… nur anbeten.

SIR ROBERT CHILTERN: Denken Sie, dass die Wissenschaft mit dem Phänomen Frau nicht zurechtkommen kann?

MRS CHEVELEY: Die Wissenschaft kann niemals mit dem Irrationalen zurechtkommen. Darum hat sie auf dieser Welt auch keine Zukunft.

SIR ROBERT CHILTERN: Und Frauen verkörpern das Irrationale.

MRS CHEVELEY: Gut gekleidete Frauen.

SIR ROBERT CHILTERN *mit einer höflichen Verneigung*: Ich fürchte, ich könnte schwerlich in diesem Punkt mit Ihnen übereinstimmen. Aber setzen Sie sich doch. *Er setzt sich ebenfalls.* Und nun erzählen Sie mir doch: Wieso haben Sie Ihr strahlendes Wien verlassen, um in unser düsteres London zu kommen- oder ist die Frage vielleicht indiskret?

MRS CHEVELEY: Fragen sind niemals indiskret, Antworten manchmal.

SIR ROBERT CHILTERN: Nun... darf ich wenigstens erfahren, ob es sich um Politik handelt oder um Vergnügen?

MRS CHEVELEY: Die Politik ist mein einziges Vergnügen. Sehen Sie, heutzutage ist es out, zu flirten, ehe man vierzig ist, oder romantisch zu sein, ehe man fünfundvierzig ist. Deshalb bleibt uns armen Frauen, die wir unter dreißig sind, oder es wenigstens von uns behaupten, nichts anderes übrig als Politik oder Wohltätigkeit. Und Wohltätigkeit scheint mir einfach nur zu einem sicheren Hafen für jene Leute geworden zu sein, die ihren Mitmenschen auf die Nerven gehen wollen. Ich ziehe Politik vor. Sie ist viel schicker, um nicht zu sagen schicklicher.

SIR ROBERT CHILTERN: Ein politisches Leben ist

eine ehrenhafte Laufbahn!

MRS CHEVELEY: Manchmal. Und manchmal, Sir Robert, ist es ein raffiniertes Spiel. Und mitunter ist es eine große Plage.

SIR ROBERT CHILTERN: Und wofür halten Sie es?

MRS CHEVELEY: Für eine Mischung aus allen dreien. *Lässt ihren Fächer fallen.*

SIR ROBERT CHILTERN *hebt den Fächer auf:* Gestatten Sie.

MRS CHEVELEY: Danke.

SIR ROBERT CHILTERN: Aber Sie haben mir immer noch nicht gesagt, warum Sie London so unerwartet mit Ihrer Anwesenheit beehren. Die Saison ist fast vorbei.

MRS CHEVELEY: Ich mache mir nichts aus der Londoner Saison! Sie ist zu ehelich. Entweder jagen die Leute Ehepartner oder sie verstecken sich vor ihnen. Ich wollte Sie persönlich kennenlernen, das ist die ganze Wahrheit. Sie wissen, wie die Neugier einer Frau ist… fast so groß wie die eines Mannes. Ich wollte so schrecklich gern mit Ihnen sprechen… und Sie bitten, etwas für mich zu tun.

SIR ROBERT CHILTERN: Hoffentlich ist es keine Kleinigkeit, Mrs Cheveley. Kleinigkeiten lassen sich so schwer vollbringen.

MRS CHEVELEY *nachdem sie einen Moment nachgedacht hat*: Nein. Ich glaube nicht, dass meine Bitte ganz so eine Kleinigkeit ist.

SIR ROBERT CHILTERN: Das freut mich. Sagen Sie mir doch, was es ist.

MRS CHEVELEY: Später. *Erhebt sich*. Darf ich jetzt ein wenig durch Ihr schönes Haus spazieren? Ich habe gehört, Ihre Gemäldesammlung soll zauberhaft sein. Der arme Baron Arnheim – Sie erinnern sich an den Baron? – hat mir so oft erzählt, Sie hätten ein paar wundervolle Corots.

SIR ROBERT CHILTERN *mit einem fast unmerklichen Erschrecken*: Kannten Sie Baron Arnheim gut?

MRS CHEVELEY: Durch und durch. Und Sie?

SIR ROBERT CHILTERN: Früher mal.

MRS CHEVELEY: Er war ein wunderbarer Mensch, finden Sie nicht auch?

SIR ROBERT CHILTERN *nach einer Pause*: Er war äußerst bemerkenswert, und das in vielerlei Hinsicht.

MRS CHEVELEY: Ich denke oft, wie schade es ist, dass er niemals seine Memoiren geschrieben hat. Sie wären äußerst interessant gewesen.

SIR ROBERT CHILTERN: Oh ja.
Städte und Menschen sah er zuhauf und kannte ihr Wesen,
fast wie Odysseus schon …

MRS CHEVELEY: Nur ohne den schrecklichen Nachteil, dass zu Hause eine Penelope auf ihn wartete.

MASON: Lord Goring.

LORD GORING tritt auf. Er ist vierunddreißig

Jahre alt, behauptet jedoch stets, er sei jünger. Ein feines, ausdrucksloses Gesicht. Er ist schlau, möchte aber nicht dafür gehalten werden. Ein lupenreiner Dandy, und er wäre verärgert, wenn man ihn für romantisch hielte. Er spielt mit dem Leben und steht mit der Welt auf bestem Fuße. Er mag es, missverstanden zu werden, denn das verschafft ihm eine überlegene Stellung.

SIR ROBERT CHILTERN: Guten Abend, mein lieber Arthur! Mrs Cheveley, gestatten Sie mir, Ihnen Lord Goring vorzustellen, den müßigsten Mann in ganz London.

MRS CHEVELEY: Ich bin Lord Goring schon einmal begegnet.

LORD GORING *verneigt sich*: Ich dachte, Sie würden sich nicht mehr an mich erinnern, Mrs Cheveley.

MRS CHEVELEY: Ich habe mein Gedächtnis erstaunlich gut in meiner Gewalt. Und, sind Sie immer noch Junggeselle?

LORD GORING: Ich glaube, schon.

MRS CHEVELEY: Wie überaus romantisch!

LORD GORING: Ach. Ich bin keineswegs romantisch. Dafür bin ich nicht alt genug. Romantik überlasse ich denen, die älter sind als ich.

SIR ROBERT CHILTERN: Lord Goring ist das Ergebnis von Boodles's Club, Mrs Cheveley.

MRS CHEVELEY: Er macht dieser Einrichtung alle Ehre.

LORD GORING: Darf ich fragen, ob Sie lange in London bleiben werden?

MRS CHEVELEY: Das hängt teils vom Wetter ab, teils von der Küche und teils von Sir Robert.

SIR ROBERT CHILTERN: Sie wollen uns doch hoffentlich nicht in einen europäischen Krieg stürzen?

MRS CHEVELEY: Im Augenblick besteht diesbezüglich keine Gefahr.

Mit einem amüsierten Blick nickt sie LORD

GORING zu und geht mit SIR ROBERT hinaus. LORD GORING schlendert hinüber zu MABEL CHILTERN.

MABEL CHILTERN: Sie sind sehr spät gekommen!

LORD GORING: Haben Sie mich vermisst?

MABEL CHILTERN: Schrecklich.

LORD GORING: Dann tut es mir leid, dass ich nicht länger fort war. Ich mag es, wenn man mich vermisst.

MABEL CHILTERN: Wie äußerst egoistisch von Ihnen!

LORD GORING: Ich bin äußerst egoistisch.

MABEL CHILTERN: Lord Goring, Sie erzählen mir immer von Ihren schlechten Eigenschaften.

LORD GORING: Ich habe Ihnen bis jetzt erst die Hälfte davon verraten, Miss Mabel.

MABEL CHILTERN: Sind die anderen sehr

schlimm?

LORD GORING: Ganz schrecklich. Wenn ich nachts an sie denke, schlafe ich sofort ein.

MABEL CHILTERN: Also, ich finde Ihre schlechten Eigenschaften entzückend! Ich möchte nicht, dass Sie sich auch nur von einer trennen.

LORD GORING: Das ist wirklich süß von Ihnen. Sie sind freilich immer wirklich süß. Übrigens möchte ich Sie etwas fragen, Miss Mabel. Wer hat eigentlich Mrs Cheveley hierher gebracht? Die Dame in Blauviolett, die eben mit Ihrem Bruder den Saal verlassen hat?

MABEL CHILTERN: Oh, ich glaube, Lady Markby hat sie mitgebracht. Warum fragen Sie?

LORD GORING: Ich habe sie seit Jahren nicht mehr gesehen, weiter nichts.

MABEL CHILTERN: Was für ein absurder Grund!

LORD GORING: Alle Gründe - Beweggründe und Begründungen - sind absurd.

MABEL CHILTERN: Was ist sie für eine Frau?

LORD GORING: Ach…am Tag ein Genie und nachts eine Schönheit.

MABEL CHILTERN: Ich mag sie schon jetzt nicht besonders.

LORD GORING: Das zeigt Ihren bewundernswert guten Geschmack.

VICOMTE DE NANJAC *tritt hinzu*: Ah, the English young Lady is the dragon of good taste, der Drache des guten Geschmacks, isnt't she? Quite the dragon of good taste.

LORD GORING: Jedenfalls erzählen uns das immer die Zeitungen.

VICOMTE DE NANJAC: Ich lese all eure englischen Zeitungen. Ich finde sie so amüsant.

LORD GORING: Dann, mein lieber Nanjac, müssen Sie sicher zwischen den Zeilen lesen.

VICOMTE DE NANJAC: Das würde ich gerne, aber mein Professor hat was dagegen. *Zu MABEL*

CHILTERN Darf ich um das Vergnügen bitten, Sie ins Musikzimmer zu geleiten, Mademoiselle?

MABEL CHILTERN *blickt sehr enttäuscht drein*: Mit Freuden, Vicomte, mit großer Freude. *Wendet sich an LORD GORING.* Kommen Sie nicht auch ins Musikzimmer?

LORD GORING: Nicht solange dort Musik gemacht wird, Miss Mabel.

MABEL CHILTERN *streng*: Es ist deutsche Musik. Sie würden sie nicht verstehen. *Sie geht mit dem VICOMTE DE NANJAC hinaus.*

LORD CAVERSHAM tritt zu seinem Sohn.

LORD CAVERSHAM: Na, mein Herr Sohn, was machst du hier? Vergeudest du dein Leben, wie gewöhnlich? Du solltest im Bett liegen, junger Mann. Du bleibst zu lange auf. Ich habe gehört, dass du neulich bei Lady Rufford bis morgens um Vier getanzt hast.

LORD GORING: Bloß bis dreiviertel Vier, Vater.

LORD CAVERSHAM: Ich kann nicht begreifen,

wie du die Londoner Gesellschaft bloß ertragen kannst! Sie ist auf den Hund gekommen. Ein Haufen verdammter Niemande, die über nichts reden.

LORD GORING: Ich liebe es, über nichts zu reden, Vater. Es ist das einzige, wovon ich etwas verstehe.

LORD CAVERSHAM: Mir scheint, du lebst einzig und allein für dein Vergnügen.

LORD GORING: Wofür sollte man sonst leben, Vater? Nichts verliert so schnell seinen Reiz wie das Glück.

LORD CAVERSHAM: Du bist herzlos, junger Mann, einfach herzlos.

LORD GORING: Das hoffe ich doch nicht, Vater. *LADY BASILDON und MRS MARCHMONT treten auf.* Guten Abend, Lady Basildon, guten Abend, Mrs Marchmont!

LADY BASILDON *wölbt zwei schöne Augenbrauen*: Sie hier? Ich hatte keine Ahnung, dass Sie überhaupt auf politische Gesellschaften gehen!

LORD GORING: Ich liebe politische Gesellschaften. Sie sind der einzige Ort, der uns noch bleibt, wo die Leute nicht über Politik reden.

LADY BASILDON: Für mich ist es ein Vergnügen, über Politik zu reden. Ich rede den ganzen Tag darüber. Aber ich kann es nicht ausstehen, darüber reden zu hören. Ich weiß nicht, wie die Unglücklichen im Parlament diese langen Debatten ertragen können.

LORD GORING: Indem sie einfach nicht zuhören.

LADY BASILDON: Wirklich?

LORD GORING *so ernst, wie es ihm möglich ist*: Aber selbstverständlich! Sehen Sie, es ist äußerst gefährlich zuzuhören. Hört man zu, kann man überzeugt werden, und wer sich von einem Argument überzeugen lässt, ist ein vollkommen unvernünftiger Mensch.

LADY BASILDON: Ach, das erklärt so vieles bei Männern, was ich nie verstanden habe, und so vieles bei Frauen, was ihre Ehemänner nie an ihnen zu schätzen wissen!

MRS MARCHMONT *mit einem Seufzer*: Unsere Männer wissen niemals auch nur irgendetwas an uns zu schätzen! Um das zu haben, müssen wir zu anderen gehen.

LADY BASILDON *mit Nachdruck*: Jawohl, immer zu anderen!

LORD GORING *lächelnd*: Und das sind die Ansichten der beiden Damen, die dafür bekannt sind, die großartigsten Ehemänner in London zu besitzen.

MRS MARCHMONT: Genau das können wir nicht ertragen. Mein Reginald ist einfach hoffnungslos ohne Fehl und Tadel. Deswegen ist er manchmal wirklich unerträglich. Seine Bekanntschaft hat nicht das kleinste bisschen Reiz.

LORD GORING: Wie schrecklich! Das sollte wirklich in größerem Umfang bekannt werden.

LADY BASILDON: Basildon ist genauso schlimm. Er ist so häuslich, als wäre er Junggeselle.

MRS MARCHMONT *drückt Lady Basildon die Hand*: Meine arme Olivia! Wir haben die perfekten Ehemänner geheiratet und dafür sind wir ordentlich gestraft.

LORD GORING: Ich hätte gemeint, die Männer sind es, die gestraft sind.

MRS MARCHMONT *richtet sich auf*: Du liebe Güte, nein! Unsere Männer sind so glücklich, wie es nur geht. Und was ihr Vertrauen zu uns betrifft, so ist es tragisch, wie sehr sie uns vertrauen.

LADY BASILDON: Absolut tragisch!

LORD GORING: Oder komisch, Lady Basildon.

LADY BASILDON: Ganz bestimmt nicht, Lord Goring. Das ist nicht nett von Ihnen, dergleichen anzudeuten.

MRS MARCHMONT: Ich fürchte, Lord Goring befindet sich wie gewöhnlich im Lager des Feindes. Ich sah ihn mit Mrs Cheveley sprechen, als ich hereinkam.

LORD GORING: Hübsche Frau, diese Mrs

Cheveley.

LADY BASILDON *steif:* Bitte rühmen Sie nicht andere Frauen in unserer Gegenwart. Sie könnten abwarten, bis wir es tun.

LORD GORING: Ich habe gewartet.

MRS MARCHMONT: Nun, wir werden sie nicht rühmen. Ich habe gehört, sie sei am Montag in die Oper gegangen, und hinterher, beim Essen, soll sie zu Tommy Rufford gesagt haben, soweit sie erkennen könne, bestehe die Londoner Gesellschaft durch die Bank aus Schlampen und Schnöseln.

LORD GORING: Womit sie auch völlig Recht hat. Die Männer sind alle Schlampen und die Frauen Schnösel, oder?

MRS MARCHMONT *nach einer Pause:* Oh. Glauben Sie wirklich, dass Mrs Cheveley es so gemeint hat?

LORD GORING: Natürlich. Und außerdem ist das eine sehr gescheite Bemerkung von Mrs Cheveley.

MABEL CHILTERN tritt auf. Sie gesellt sich der Gruppe hinzu.

MABEL CHILTERN: Warum reden Sie ständig von Mrs Cheveley? Alle reden andauernd von Mrs Cheveley! Lord Goring meint - was sagten Sie noch mal über Mrs Cheveley, Lord Goring? Ach ja, ich erinnere mich: Sie sei am Tag ein Genie und nachts eine Schönheit.

LADY BASILDON: Was für eine abscheuliche Kombination! So absolut gegen die Natur!

MRS MARCHMONT *so träumerisch wie es ihr möglich ist*: Ich liebe es, mir Genies anzuschauen und schönen Leuten zuzuhören.

LORD GORING: Au! Wie morbid von Ihnen, Mrs Marchmont!

MRS MARCHMONT *erstrahlt zu einem Ausdruck echter Freude*: Es freut mich so, das von Ihnen zu hören. Marchmont und ich sind jetzt seit sieben Jahren verheiratet, und nicht ein einziges Mal hat er mir gesagt, ich sei morbid. Männer sind so schrecklich unaufmerksam!

LADY BASILDON *zu ihr gewandt*: Liebe Margaret, ich habe schon immer gesagt, du seist die morbideste Person in ganz London.

MRS MARCHMONT: Ach! Aber du bist ja immer so mitfühlend, Olivia.

MABEL CHILTERN: Ist es morbid, Verlangen zu spüren, Verlangen nach Essen? Ich verspüre ein großes Verlangen nach Essen. Lord Goring, wollen Sie mir dazu verhelfen?

LORD GORING: Mit Vergnügen, Miss Mabel.

Entfernt sich mit ihr.

MABEL CHILTERN: Wie abscheulich Sie gewesen sind! Den ganzen Abend haben Sie nicht mit mir gesprochen!

LORD GORING: Wie konnte ich? Sie sind ja mit diesem Diplomatenbürschlein weggegangen.

MABEL CHILTERN: Sie hätten uns folgen können. Das wäre nur höflich gewesen. Ich glaube nicht, dass Sie mir heute Abend überhaupt gefallen.

LORD GORING: Sie gefallen mir ungeheuer.

MABEL CHILTERN: Nun, dann wünschte ich, Sie würden es etwas deutlicher zeigen.

Sie gehen die Treppe hinab.

MRS MARCHMONT: Olivia, ich verspüre ein merkwürdiges Gefühl absoluter Schwäche. Ich glaube, etwas zu essen würde mir sehr zusagen. Ich weiß, ich möchte jetzt etwas zu essen.

LADY BASILDON: Ich sterbe wirklich schon vor Verlangen nach Essen!

MRS MARCHMONT: Männer sind so schrecklich egoistisch, nie denken sie an dergleichen.

LADY BASILDON: Die Männer sind doch nur ganz auf das Materielle aus, ganz auf das Materielle.

Der VICOMTE DE NANJAC tritt mit anderen Gästen aus dem Musikzimmer. Nachdem er alle Anwesenden sorgfältig gemustert hat, nähert er sich LADY BASILDON.

VICOMTE DE NANJAC: Darf ich Sie hinunter, zu Tisch führen, Comtesse?

LADY BASILDON: Vielen Dank, Vicomte, so spät abends esse ich nichts mehr. *Der VICOMTE will sich zurückziehen. LADY BASILDON bemerkt dies, erhebt sich sofort und nimmt seinen Arm.* Aber ich will Sie mit Vergnügen hinunterbegleiten.

VICOMTE DE NANJAC: Ich esse so gern. Ich bin in allen meinen Neigungen sehr englisch.

LADY BASILDON: Sie sehen auch recht englisch aus, Vicomte, recht englisch, in der Tat.

Sie gehen hinaus.
MR MONTFORD ein perfekt gestylter junger Dandy nähert sich MRS MARCHMONT.

MR MONTFORD: Dinner gefällig, Mrs Marchmont?

MRS MARCHMONT *matt*: Vielen Dank, Mr Montford, so spät rühre ich keinen Bissen mehr an. *Steht hastig auf und nimmt seinen Arm.* Aber ich werde neben Ihnen sitzen und Ihnen zuschauen.

MR MONTFORD: Ich glaube nicht, dass ich mir gern beim Essen zusehen lasse.

MRS MARCHMONT: Dann werde ich jemand anderem zuschauen.

MR MONTFORD: Ich glaube, das würde mir ebenso wenig gefallen.

MRS MARCHMONT *streng*: Mr Montford, bitte lassen Sie diese peinlichen Eifersuchtsszenen in der Öffentlichkeit.

Sie gehen mit den anderen Gästen die Treppe hinab und kommen an SIR ROBRT CHILTERN und MRS CHEVELEY vorbei, die jetzt auftreten.

SIR ROBRT CHILTERN: Und gedenken Sie, noch eines unserer Landhäuser zu besuchen, bevor Sie England verlassen?

MRS CHEVELEY: Oh nein. Ich kann eure englischen Hausgesellschaften nicht ausstehen. In England versuchen die Leute tatsächlich, schon beim Frühstück geistreich zu sein. Das ist so schrecklich an ihnen! Nur die Stumpfsinnigen sind schon beim Frühstück geistreich. Und dann der Hausherr mit all seinen Leichen im Keller, der immer Gebete im Kreis der Familie liest! Mein Aufenthalt in England hängt tatsächlich von Ihnen ab, Sir Robert.

Sie nimmt auf dem Sofa Platz.

SIR ROBRT CHILTERN *setzt sich neben sie*: Im Ernst?

MRS CHEVELEY: Ganz im Ernst. Ich möchte mit Ihnen über ein bedeutendes politisches und finanzielles Projekt sprechen, und zwar über diese argentinische Kanalgesellschaft.

SIR ROBRT CHILTERN: Was für ein langweiliges sachliches Thema für Sie, Mrs Cheveley!

MRS CHEVELEY: Oh, ich liebe langweilige, sachliche Themen. Was ich nicht liebe sind langweilige, sachliche Leute. Das ist ein großer Unterschied. Außerdem weiß ich, dass Sie an internationalen Kanalprojekten interessiert sind. Sie waren doch damals Lord Radleys Sekretär, als die Regierung die Suezkanal-Aktien kaufte, oder?

SIR ROBRT CHILTERN: Ja. Aber der Suezkanal war ein sehr bedeutendes und großartiges Unternehmen. Er ermöglichte uns den direkten Seeweg nach Indien. Er war äußerst wertvoll für das Empire. Er war notwendig, um unsere Herrschaft zu festigen. Dieses argentinische Projekt dagegen ist ein ganz gewöhnlicher Börsenschwindel.

MRS CHEVELEY: Eine Spekulation, Sir Robert! Eine glänzende, kühne Spekulation.

SIR ROBRT CHILTERN: Glauben Sie mir, Mrs Cheveley, es ist Betrug. Nennen wir doch die Dinge beim Namen. Es vereinfacht die Sache. Im Außenministerium liegen uns alle Informationen darüber vor. Kurz gesagt, ich habe eine Sonderkommission hingeschickt, um unter der Hand Erkundigungen einzuholen, und ihr Bericht lautet, dass die Arbeiten kaum begonnen haben, und was das bereits gezeichnete Kapital betrifft, so scheint keiner zu wissen, was daraus geworden ist. Die ganze Sache ist ein zweites Panama und nicht mit einem Viertel der Aussicht auf Erfolg, die diese unselige Affäre jemals hatte. Hoffentlich haben Sie nicht darin investiert. Ich bin sicher, Sie sind viel zu klug, um so etwas getan zu haben.

MRS CHEVELEY: Ich habe im großen Stil investiert.

SIR ROBRT CHILTERN: Wer konnte Ihnen nur so etwas Blödsinniges geraten haben?

MRS CHEVELEY: Ihr alter Freund – und der meine.

SIR ROBRT CHILTERN: Wer?

MRS CHEVELEY: Baron Arnheim.

SIR ROBRT CHILTERN *runzelt die Stirn*: Ach ja… Ich erinnere mich zur Zeit seines Ablebens gehört zu haben, er sei in die Sache verwickelt gewesen.

MRS CHEVELEY: Es war sein letztes Abenteuer. Sein vorletztes Abenteuer, um ihm Gerechtigkeit widerfahren zu lassen.

SIR ROBRT CHILTERN *steht auf*: Aber Sie haben ja meine Corots noch nicht gesehen. Sie hängen im Musikzimmer. Corots passen gut zu Musik, wie es aussieht. Darf ich sie Ihnen zeigen?

MRS CHEVELEY *schüttelt den Kopf:* Ich bin heute Abend nicht in Stimmung für silbernes Zwielicht oder rosarote Morgendämmerung. Ich möchte über Geschäftliches reden. *Winkt ihm mit ihrem Fächer, sich wieder neben sie zu setzen.*

SIR ROBRT CHILTERN: Ich fürchte, ich kann Ihnen keinen Rat geben, Mrs Cheveley, außer, sich für etwas weniger Gefährliches zu interessieren. Der Erfolg des Kanals hängt natürlich von der Einstellung Englands ab und morgen Abend werde ich dem Parlament den Bericht der Kommissionsmitglieder vorlegen.

MRS CHEVELEY: Das dürfen Sie nicht tun. Sir Robert, in Ihrem eigenen Interesse – und ganz zu schweigen von meinem – dürfen Sie das nicht tun.

SIR ROBRT CHILTERN *sieht sie verwundert an*: In meinem eigenen Interesse? Meine liebe Mrs Cheveley, was soll das heißen? *Setzt sich neben sie.*

MRS CHEVELEY: Sir Robert, ich will ganz offen mit Ihnen reden. Ich möchte, dass Sie den Bericht, den Sie dem Parlament vorzulegen gedenken, zurückziehen, und zwar, weil Sie Grund zu der Annahme hätten, die Kommissionsmitglieder seien voreingenommen oder falsch informiert oder dergleichen. Dann möchte ich, dass Sie noch dahin gehend ein paar Worte sagen, dass die Regierung die Frage noch einmal überdenken werde, und dass Sie Grund zu der Überzeugung hätten, der Kanal werde nach seiner Fertigstellung von großem internationalem Wert sein. Sie wissen ja, was Minister in solchen Fällen sagen. Ein paar der üblichen Phrasen werden ausreichen. Im heutigen Leben ist nichts so wirkungsvoll wie eine hübsche Phrase. Alle Menschen werden Brüder, wo ihr sanfter Flügel weilt. Werden Sie das für mich tun?

SIR ROBRT CHILTERN: Mrs Cheveley, das kann doch nicht Ihr Ernst sein, ein solches Ansinnen an mich zu richten!

MRS CHEVELEY: Mein voller Ernst.

SIR ROBRT CHILTERN *kalt*: Gestatten Sie mir bitte, das zu bezweifeln.

MRS CHEVELEY *sehr überlegt und nachdrücklich*: Oh doch, es ist mein Ernst. Und

49

wenn Sie tun, worum ich Sie bitte, …werde ich Sie recht anständig bezahlen.

SIR ROBRT CHILTERN: Mich bezahlen?

MRS CHEVELEY: Ja.

SIR ROBRT CHILTERN: Ich fürchte, ich verstehe nicht ganz, was Sie meinen.

MRS CHEVELEY *lehnt sich auf dem Sofa zurück und sieht ihn an*: Wie überaus enttäuschend! Und da bin ich den ganzen Weg von Wien hierher gekommen, nur damit Sie mich richtig verstehen.

SIR ROBRT CHILTERN: Leider ist mir das nicht möglich.

MRS CHEVELEY *äußerst lässig*: Mein lieber Sir Robert, Sie sind ein Mann von Welt und haben vermutlich Ihren Preis. Den hat heutzutage jeder. Der Nachteil ist bloß, dass die meisten Leute so schrecklich teuer sind. Dass ich es bin, weiß ich. Ich hoffe, Sie werden bei Ihren Bedingungen maßvoller sein.

SIR ROBRT CHILTERN *steht empört auf*: Wenn

Sie gestatten, will ich Ihnen jetzt Ihren Wagen holen lassen. Sie haben so lange im Ausland gelebt, dass Sie offenbar nicht in der Lage sind zu begreifen, dass Sie mit einem englischen Gentleman sprechen!

MRS CHEVELEY *hält ihn zurück, indem sie seinen Arm mit ihrem Fächer berührt und während sie spricht, lässt sie ihn dort ruhen*: Ich bin mir bewusst, dass ich mit einem Mann spreche, der den Grundstock zu seinem Vermögen legte, indem er ein Regierungsgeheimnis an einen Börsenspekulanten verkauft hat.

SIR ROBRT CHILTERN *beißt sich auf die Lippe*: Was wollen Sie damit sagen?

MRS CHEVELEY *steht auf und sieht ihm ins Gesicht*: Ich will damit sagen, dass ich den wahren Ursprung Ihres Reichtums und Ihrer Karriere kenne... und Ihren Brief habe ich auch!

SIR ROBRT CHILTERN: Was für einen Brief?

MRS CHEVELEY: Den Brief, den Sie Baron Arnheim geschrieben haben, als Sie Lord Radleys

Sekretär waren, und in dem Sie ihm geraten haben, Suezkanal-Aktien zu kaufen – einen Brief, der drei Tage vor jenem Datum geschrieben wurde, da die Regierung **ihren** Ankauf öffentlich bekannt gab.

SIR ROBRT CHILTERN *heiser:* Das ist nicht wahr.

MRS CHEVELEY: Sie glaubten, der Brief sei vernichtet worden. Wie dumm von Ihnen! Er befindet sich in meinem Besitz.

SIR ROBRT CHILTERN: Die Sache, auf die Sie anspielen war nicht mehr als eine Spekulation. Das Unterhaus hatte den Antrag noch nicht angenommen; er hätte zurückgewiesen werden können.

MRS CHEVELEY: Es war Betrug, Sir Robert. Nennen wir doch die Dinge beim Namen. Es vereinfacht die Sache. Und jetzt werde ich Ihnen diesen Brief verkaufen und als Preis dafür fordere ich Ihre öffentliche Unterstützung des argentinischen Projekts. Sie haben Ihr Vermögen mit einem Kanal gemacht. Sie müssen mir und meinen Freunden helfen, unser Vermögen mit einem anderen zu machen.

SIR ROBRT CHILTERN: Was Sie mir da vorschlagen ist infam!

MRS CHEVELEY: Oh nein! Es ist das Spiel des Lebens, Sir Robert, das wir alle früher oder später spielen müssen.

SIR ROBRT CHILTERN: Ich kann nicht tun, was Sie von mir verlangen.

MRS CHEVELEY: Sie meinen wohl, Sie **können nicht umhin,** es zu tun. Sie wissen, dass Sie am Rand eines Abgrundes stehen. Und nicht Sie haben die Forderungen zu stellen, Sie haben sie anzunehmen. Angenommen, Sie weigern sich…

SIR ROBRT CHILTERN: Was dann?

MRS CHEVELEY: Mein lieber Sir Robert, was dann? Dann sind Sie ruiniert, das ist alles. Denken Sie daran, wohin euer Puritanismus in England euch gebracht hat. Früher hat niemand so getan, als sei er auch nur ein Stück weit besser als seine Nachbarn - allein die Idee sich so etwas anzumaßen! Ein Stück weit besser zu sein als seine Nachbarn galt früher sogar als äußerst primitiv und spießig. Heutzutage, bei der Moralsucht, die bei uns Mode ist, muss jeder dastehen als ein Muster an Reinheit, Unbestechlichkeit und all der anderen sieben Todtugenden – und was ist die Folge? Ihr stürzt alle wie Kegel – einer nach dem anderen. Kein Jahr vergeht in England, ohne dass jemand in der Versenkung verschwindet. Unangenehmes Aufsehen ließ einen Mann früher reizvoll oder zumindest interessant erscheinen – jetzt vernichtet ihn der Skandal. Und der Skandal, den Sie erregen werden, ist besonders widerlich. Sie könnten ihn nicht überleben. Wenn bekannt würde, dass Sie als junger Mann, Sekretär eines berühmten und bedeutenden Ministers, ein Regierungsgeheimnis für eine große Summe verkauft haben und dass dies der Ursprung Ihres Reichtums und der Beginn Ihrer Karriere ist, würden Sie aus dem öffentlichen Leben gejagt, würden Sie ein für allemal verschwinden. Und warum, Sir Robert, sollten Sie am Ende lieber Ihre ganze Zukunft opfern als Ihren Feind diplomatisch behandeln? Im Moment bin ich Ihr Feind, ich gebe es zu. Und ich bin viel stärker als Sie. Die großen Bataillone stehen auf meiner Seite. Sie haben eine glänzende Stellung, aber gerade Ihre glänzende Stellung macht Sie so verwundbar.

Sie können sie nicht verteidigen. Und ich bin im Angriff. Natürlich habe ich Ihnen nicht Moral gepredigt. Sie müssen fairerweise zugeben, dass ich Ihnen das erspart habe. Vor Jahren haben Sie geschickt etwas Gewissenloses getan; es entpuppte sich als ein großer Erfolg. Dem verdanken Sie Ihr Vermögen und Ihre Stellung. Und jetzt müssen Sie dafür bezahlen. Früher oder später müssen wir alle für unsere Taten bezahlen. Sie müssen jetzt bezahlen. Ehe ich Sie heute Abend verlasse, müssen Sie mir versprechen, dass Sie Ihren Bericht unter den Tisch fallen lassen und im Parlament zugunsten dieses Projektes sprechen.

SIR ROBRT CHILTERN: Was Sie verlangen, ist unmöglich.

MRS CHEVELEY: Sie müssen es möglich machen. Sie werden es möglich machen. Sir Robert, Sie wissen doch, wie die englischen Zeitungen sind. Nehmen Sie einmal an, ich fahre, wenn ich dieses Haus verlasse, in eine Zeitungsredaktion und gebe den Leuten diese Skandalgeschichte und die Beweise dafür! Denken Sie nur an die Schadenfreude, an das widerliche Vergnügen, mit dem diese Menschen Sie fertigmachen werden,

den Schmutz und Dreck, durch den man Sie ziehen wird. Denken Sie an den Heuchler mit seinem schmierigen Lächeln, der an seinem Leitartikel strickt und im Blätterwald einen unsäglichen Sturm öffentlicher Empörung entfacht.

SIR ROBRT CHILTERN: Halt! Sie möchten, dass ich den Bericht zurückziehe und eine kurze Rede halte, in der ich erkläre, meiner Ansicht nach habe dieses Projekt Aussichten?

MRS CHEVELEY *setzt sich auf das Sofa*: Das sind meine Bedingungen.

SIR ROBRT CHILTERN *leise*: Ich gebe Ihnen jede Summe, die Sie verlangen.

MRS CHEVELEY: Nicht einmal Sie, Sir Robert, sind reich genug, Ihre Vergangenheit zurückzukaufen. Das ist keiner.

SIR ROBRT CHILTERN: Ich werde nicht tun, was Sie von mir verlangen, nein!

MRS CHEVELEY: Sie müssen es. Wenn nicht… *Steht vom Sofa auf.*

SIR ROBRT CHILTERN *verstört und entnervt*:
Einen Moment! Was haben Sie vorgeschlagen?
Sie sagten, Sie würden mir meinen Brief
zurückgeben, war es nicht so?

MRS CHEVELEY: Ja. Das ist abgemacht. Ich werde
morgen Nacht um halb zwölf auf der
Damengalerie sein. Wenn Sie bis dahin – und Sie
werden mehr als genügend Gelegenheit dazu
haben – dem Parlament eine Erklärung abgegeben
haben, die meinen Forderungen entspricht, werde
ich Ihnen Ihren Brief zurückgeben – mit dem
verbindlichsten Dank und dem besten, oder
jedenfalls passendsten Kompliment, das mir
einfällt. Ich habe die Absicht, durchaus ehrlich
mit Ihnen zu spielen. Man sollte immer ehrlich
spielen - wenn man die Trümpfe in der Hand hat.
Das hat mich der Baron gelehrt…, unter anderem.

SIR ROBRT CHILTERN: Sie müssen mir Zeit
lassen, über Ihren Vorschlag nachzudenken.

MRS CHEVELEY: Nein. Sie müssen sich jetzt
entscheiden.

SIR ROBRT CHILTERN: Geben Sie mir eine

Woche – drei Tage!

MRS CHEVELEY: Unmöglich. Noch heute Nacht muss ich nach Wien telegrafieren.

SIR ROBRT CHILTERN: Mein Gott! Was hat Sie nur in mein Leben gebracht?

MRS CHEVELEY: Der Lauf der Dinge. *Geht zur Tür.*

SIR ROBRT CHILTERN: Gehen Sie nicht! Ich bin einverstanden. Der Bericht wird zurückgezogen. Auf eine diesbezügliche Anfrage des Parlaments werde ich mich vorbereiten.

MRS CHEVELEY: Vielen Dank. Ich wusste, wir würden uns freundschaftlich einigen. Ich habe Ihr Wesen schon vom ersten Moment an erfasst. Ich habe Sie analysiert, auch wenn Sie mich nicht sonderlich bewundert haben. Und jetzt, Sir Robert, dürfen Sie meinen Wagen holen. Wie ich sehe, kommen die Leute vom Essen herauf, und Engländer werden nach dem Essen immer romantisch und das langweilt mich entsetzlich.

SIR ROBRT CHILTERN geht ab. Gäste treten auf,

LADY CHILTERN, LADY MARKBY, LORD CAVERSHAM, LADY BASILDON, MRS MARCHMONT, VICOMTE DE NANJAC, MR MONTFORD.

LADY MARKBY: Na, liebe Mrs Cheveley, haben Sie sich gut amüsiert? Sir Robert ist sehr unterhaltsam, nicht wahr?

MRS CHEVELEY: Überaus unterhaltsam. Ich habe mein Gespräch mit ihm ungemein genossen.

LADY MARKBY: Er hat eine hochinteressante und glänzende Karriere gemacht. Und er hat eine äußerst bewundernswerte Frau geheiratet. Lady Chiltern ist – und es freut mich, das sagen zu können – eine Frau von sehr, sehr hohen Grundsätzen. Ich selbst bin schon ein wenig zu alt, um mir noch groß darüber Gedanken zu machen, ob ich ein gutes Beispiel gebe, aber die Leute, die das tun, bewundere ich immer. Und dank Lady Chilterns unermüdlichem und couragiertem Engagement wird die Gesellschaft, in der wir leben, ein Stück weit moderner, nachhaltiger und korrekter…, obwohl die Dinnerpartys der Guten manchmal ziemlich öde sind. Aber man kann ja nicht alles haben. Und jetzt muss ich gehen, meine Liebe. Soll ich Sie morgen abholen?

MRS CHEVELEY: Gern, vielen Dank.

LADY MARKBY: Wir könnten um siebzehn Uhr durch den Hyde Park fahren. Alles im Park sieht jetzt so frisch aus.

MRS CHEVELEY: Mit Ausnahme der Leute.

LADY MARKBY: Vielleicht sind die Leute ein wenig ermattet... und stumpf! Ich habe oft bemerkt, dass die Saison, je weiter sie voranschreitet, das Gehirn erweicht. Aber ich meine, alles andere ist besser als überzogene Ansprüche an den Geist. Nichts wirkt unvorteilhafter als das. Gute Nacht, meine Liebe! *Zu LADY CHILTERN* Gute Nacht, Gertrude! *Geht an LORD CAVERSHAMS Arm hinaus.*

MRS CHEVELEY: Was für ein wundervolles Haus Sie haben, Lady Chiltern! Ich habe einen reizenden Abend verbracht. Es war so interessant, Ihren Mann kennenzulernen.

LADY CHILTERN: Warum wünschten Sie, mit

meinem Mann zusammenzutreffen?

MRS CHEVELEY: Oh, das will ich Ihnen sagen. Ich wollte ihn für dieses argentinische Kanalprojekt begeistern, von dem Sie bestimmt schon gehört haben. Und ich fand ihn äußerst zugänglich ...der Vernunft zugänglich, meine ich. Und das ist selten bei einem Mann. Innerhalb von zehn Minuten habe ich ihn überzeugt. Morgen Abend wird er im Parlament eine Rede zugunsten dieser Idee halten. Wir müssen auf die Damengalerie und ihn hören. Es wird ein bedeutendes Ereignis.

LADY CHILTERN: Da muss ein Irrtum vorliegen. Ein solches Projekt könnte nie die Zustimmung meines Mannes finden.

MRS CHEVELEY: Oh, ich versichere Ihnen, das ist alles geklärt. Jetzt bedaure ich meine langweilige Reise von Wien nicht mehr. Sie war ein großer Erfolg. Aber die nächsten vierundzwanzig Stunden ist die Sache natürlich ein Geheimnis, das wir für uns behalten müssen, komme, was wolle...

LADY CHILTERN *sanft*: Ein Geheimnis? Zwischen wem?

In MRS CHEVELEYs Augen blitzt Belustigung auf.

MRS CHEVELEY: Zwischen Ihrem Mann und mir.

SIR ROBERT CHILTERN *tritt auf:* Ihr Wagen ist da, Mrs Cheveley.

MRS CHEVELEY: Danke. Guten Abend, Lady Chiltern. Gute Nacht, Lord Goring. Ich wohne im Claridge. Meinen Sie nicht, dass Sie gelegentlich Ihre Visitenkarte dort abgeben könnten?

LORD GORING: Wenn Sie es wünschen, Mrs Cheveley.

MRS CHEVELEY: Ach, machen Sie es doch nicht so feierlich, Lord Goring, sonst sehe ich mich noch genötigt, einmal meine Karte bei Ihnen abzugeben. Das dürfte in England wohl kaum für gesellschaftlich korrekt gehalten werden. Da sind wir im Ausland doch zivilisierter. Geleiten Sie mich hinunter, Sir Robert? Jetzt, da wir im Grunde die gleichen Interessen haben, werden wir hoffentlich gute Freunde werden!

Segelt an SIR ROBERT CHILTERNs Arm hinaus.

62

LADY CHILTERN geht zum Treppenabsatz und blickt den Hinuntersteigenden nach. Ihre Miene ist besorgt. Nach einer kleinen Weile gesellen sich andere Gäste zu ihr und sie geht mit ihnen in ein anderes Empfangszimmer.

MABEL CHILTERN: Was für eine grässliche Frau!

LORD GORING: Sie sollten zu Bett gehen, Miss Mabel.

MABEL CHILTERN: Lord Goring!

LORD GORING: Mein Vater hat mir vor einer Stunde gesagt, ich solle zu Bett gehen. Ich sehe nicht ein, warum ich Ihnen nicht denselben Rat geben sollte. Einen guten Rat gebe ich immer weiter. Es ist das Einzige, was man damit machen kann. Für einen selbst hat er nie irgendeinen Nutzen.

MABEL CHILTERN: Sie schicken mich andauernd aus dem Zimmer, Lord Goring. Das finde ich äußerst kühn. Vor allem, weil ich die nächsten Stunden noch lange nicht zu Bett gehen werde. *Geht hinüber zum Sofa.* Sie können herkommen und sich setzen, wenn Sie wollen, und über alles auf der Welt reden, ausgenommen die Royal Academy, Mrs Cheveley oder Romane in schottischem Dialekt. Das sind keine erhebenden Themen. *Bemerkt etwas, das von einem Kissen halb verborgen auf dem Sofa liegt.* Was ist das? Jemand hat eine Diamantspange verloren. Sehr schön, nicht wahr? *Zeigt sie ihm.* Ich wollte, es wäre meine, aber Gertrude will mich nichts anderes tragen lassen als Perlen und ich habe Perlen gründlich satt. Man wirkt damit so schlicht, so brav und so vernünftig. Ich möchte wissen, wem die Spange gehört.

LORD GORING: Ich möchte wissen, wer sie verloren hat.

MABEL CHILTERN: Eine schöne Spange.

LORD GORING: Ein hübsches Armband.

MABEL CHILTERN: Es ist kein Armband. Es ist eine Spange.

LORD GORING: Man kann sie als Armband tragen. *Nimmt sie ihr ab, zieht eine grüne Brieftasche hervor, legt das Schmuckstück sorgfältig hinein und verstaut das Ganze in aller*

Seelenruhe in seiner Brusttasche.

MABEL CHILTERN: Was machen Sie da?

LORD GORING: Miss Mabel, ich möchte eine etwas ungewöhnliche Bitte an Sie richten.

MABEL CHILTERN *gespannt*: Oh bitte, tun Sie es. Ich warte schon den ganzen Abend darauf.

LORD GORING *ist etwas verblüfft, fasst sich aber*: Sagen Sie niemandem, dass ich diese Spange in Verwahrung genommen habe. Sollte jemand schreiben und Anspruch darauf erheben, lassen Sie es mich sofort wissen.

MABEL CHILTERN: Das ist in der Tat eine ungewöhnliche Bitte.

LORD GORING: Sie müssen verstehen, ich habe diese Spange vor Jahren jemandem geschenkt.

MABEL CHILTERN: Wirklich?

LORD GORING: Ja.

LADY CHILTERN tritt allein ein. Die anderen

Gäste sind gegangen.

MABEL CHILTERN: Dann werde ich Ihnen allerdings gute Nacht sagen. Gute Nacht, Gertrude! *Geht ab.*

LADY CHILTERN: Gute Nacht, meine Liebe! *Zu LORD GORING* Haben Sie gesehen, wen Lady Markby heute Abend hierher gebracht hat?

LORD GORING: Ja. Das war eine unangenehme Überraschung. Weswegen ist sie hergekommen?

LADY CHILTERN: Offenbar um Robert zu ködern, dass er ein betrügerisches Projekt unterstützt, an dem sie interessiert ist. Den argentinischen Kanal.

LORD GORING: Da ist sie aber an den Falschen geraten.

LADY CHILTERN: Sie ist unfähig, eine so aufrechte Natur, wie die meines Mannes zu begreifen!

LORD GORING: Ja. Das will ich meinen, dass sie ganz schön auf die Nase gefallen ist, als sie versucht hat, Robert in ihre Netze zu ziehen. Es ist doch merkwürdig, was für erstaunliche Fehler gescheite Frauen machen.

LADY CHILTERN: Solche Frauen nenne ich nicht gescheit. Ich nenne sie dumm.

LORD GORING: Das ist häufig dasselbe. Gute Nacht, Lady Chiltern.

LADY CHILTERN: Gute Nacht!

SIR ROBERT CHILTERN tritt auf.

SIR ROBERT CHILTERN: Mein lieber Arthur, du willst doch nicht schon gehen? Bleib noch ein wenig!

LORD GORING: Leider kann ich nicht, vielen Dank. Ich habe versprochen, bei den Hartlocks hereinzuschauen. Ich glaube, die haben eine malvenfarbene ungarische Kapelle, die malvenfarbene ungarische Musik spielt. Macht's gut, bis bald! *Geht ab.*

SIR ROBERT CHILTERN: Wie schön du heute Abend aussiehst, Gertrude!

LADY CHILTERN: Robert, es ist doch nicht wahr? Du wirst diese argentinische Spekulation doch nicht etwa unterstützen. Das könntest du nicht!

SIR ROBERT CHILTERN *erschrickt*: Wer hat dir erzählt, dass ich das vorhätte?

LADY CHILTERN: Jene Frau, die eben gegangen ist, Mrs Cheveley, wie sie sich jetzt nennt. Sie schien mich damit verhöhnen zu wollen. Robert, ich kenne diese Frau. Du nicht. Wir sind zusammen zur Schule gegangen. Sie war falsch, verlogen und von schlechtem Einfluss auf jeden, dessen Vertrauen oder Freundschaft sie gewinnen konnte. Ich habe sie gehasst, ich habe sie verachtet. Sie stahl, sie war eine Diebin und wegen Diebstahls ist sie von der Schule geflogen. Warum lässt du dich von ihr beeinflussen?

SIR ROBERT CHILTERN: Gertrude, was du mir erzählst, mag stimmen, aber es geschah vor vielen Jahren. Am besten vergisst man es. Mrs Cheveley kann sich seitdem geändert haben. Niemand sollte ganz nach seiner Vergangenheit beurteilt werden.

LADY CHILTERN *traurig*: Die Vergangenheit

eines Menschen ist es, die eben diesen Menschen ausmacht. Nur danach sollte man Leute beurteilen.

SIR ROBERT CHILTERN: Das ist ein hartes Wort, Gertrude!

LADY CHILTERN: Es ist ein wahres Wort, Robert. Und was meinte sie damit, als sie damit prahlte, sie habe dich dazu gebracht, einer Sache, die du mir als das unredlichste und betrügerischste Projekt beschrieben hast, das es je im politischen Leben gegeben hat, deine Unterstützung und deinen Namen zu leihen?

SIR ROBERT CHILTERN *beißt sich auf die Lippe*: Ich habe mich in dem Standpunkt, den ich einnahm, geirrt. Wir machen alle Fehler.

LADY CHILTERN: Aber gestern hast du mir erzählt, dass du den Bericht der Kommission erhalten habest, der die ganze Sache komplett verdamme.

SIR ROBERT CHILTERN *geht auf und ab*: Ich habe jetzt Grund zu der Annahme, dass die Kommission voreingenommen war - oder zumindest falsch informiert. Außerdem, Gertrude: Das öffentliche und das private Leben sind zwei verschiedene Dinge. Sie haben verschiedene Gesetze und bewegen sich auf verschiedenen Linien.

LADY CHILTERN: Sie sollten beide den Menschen von seiner bestmöglichen Seite zeigen. Ich sehe keinen Unterschied zwischen ihnen.

SIR ROBERT CHILTERN *bleibt stehen*: In diesem Falle habe ich aus Gründen praktischer Politik meine Meinung geändert. Das ist alles.

LADY CHILTERN: Alles!

SIR ROBERT CHILTERN *verbissen*: Ja.

LADY CHILTERN: Robert! Oh, es ist schrecklich, dass ich dir eine solche Frage stellen muss – Robert, sagst du mir die ganze Wahrheit?

SIR ROBERT CHILTERN: Warum stellst du mir eine solche Frage?

LADY CHILTERN *nach einer Pause*: Warum beantwortest du sie nicht?

SIR ROBERT CHILTERN *setzt sich*: Gertrude, die Wahrheit ist eine sehr komplizierte Sache und die Politik ist ein sehr kompliziertes Geschäft. Da greifen viele Räder ineinander. Man kann Leuten gegenüber gewisse Verpflichtungen haben, die man einlösen muss. Im politischen Leben muss man früher oder später Kompromisse eingehen. Alle machen das so.

LADY CHILTERN: Kompromisse? Robert, warum redest du heute Abend so anders, als ich dich sonst immer habe reden hören? Warum hast du dich geändert?

SIR ROBERT CHILTERN: Ich habe mich nicht geändert. Aber die Umstände verändern die Dinge.

LADY CHILTERN: Umstände sollten niemals Grundsätze verändern.

SIR ROBERT CHILTERN: Aber wenn ich dir sagte…

LADY CHILTERN: Was?

SIR ROBERT CHILTERN: Dass es notwendig war, lebensnotwendig?

LADY CHILTERN: Es kann niemals notwendig sein, etwas zu tun, was nicht ehrenhaft ist. Oder wenn es notwendig ist, was habe ich dann geliebt? Aber es ist nicht so – Robert, sag mir, dass es nicht so ist. Und warum auch? Welchen Gewinn würdest du davon haben? Geld? Das haben wir doch nicht nötig. Und Geld, das aus einer schmutzigen Quelle stammt, ist eine Erniedrigung. Macht? Macht an sich bedeutet gar nichts. Die Macht etwas Gutes zu tun, ist großartig – die und nur die allein. Was ist es dann? Robert, sag mir, warum du dich auf diese schändliche Sache eingelassen hast.

SIR ROBERT CHILTERN: Gertrude, du hast kein Recht, dieses Wort zu gebrauchen. Ich habe dir doch gesagt, es ist eine Frage vernünftigen Kompromisses – weiter nichts.

LADY CHILTERN: Robert, das ist alles schön und gut für andere Männer, für Männer, die das Leben bloß als schmutzige Spekulation abtun; aber nicht für dich, Robert, nicht für dich. Du bist anders. Dein Leben lang warst du anders als all die anderen. Du hast dich nie von der Welt besudeln lassen. Für die Welt wie für mich bist du stets ein Ideal gewesen. Oh, bleibe dieses Ideal. Wirf dieses große Erbe nicht fort, zerstöre nicht diesen Elfenbeinturm! Robert, Männer können lieben, was unter ihrer Würde ist – wertlose, beschmutzte, entehrte Geschöpfe. Wir Frauen beten an, wenn wir lieben, und wenn wir nicht mehr anbeten können, verlieren wir alles. Oh, töte nicht meine Liebe zu dir, töte sie nicht.

SIR ROBERT CHILTERN: Gertrude!

LADY CHILTERN: Ich weiß, dass es Männer mit schrecklichen Geheimnissen in ihrem Leben gibt – Männer, die etwas Schändliches getan haben und die in einem entscheidenden Augenblick dafür bezahlen müssen, indem sie eine weitere schändliche Handlung begehen. Oh, sag mir nicht, du seist so wie jene! Robert, gibt es in deinem Leben eine geheime Schande? Sag's mir und sag mir gleich, dass…

SIR ROBERT CHILTERN: Dass was?

LADY CHILTERN *spricht sehr langsam*: Dass unser beider Leben vielleicht auseinandergetrieben werden.

SIR ROBERT CHILTERN: Auseinandergetrieben?

LADY CHILTERN: Dass sie sich völlig trennen könnten. Es wäre besser für uns beide.

SIR ROBERT CHILTERN: Gertrude, es gibt nichts in meiner Vergangenheit, was du nicht wissen dürftest.

LADY CHILTERN: Ich habe nie daran gezweifelt, Robert, nicht einen Augenblick. Aber warum hast du so schreckliche Sachen gesagt, die deinem wahren Ich so zuwiderlaufen? Lass uns nie wieder über diese Sache reden! Du wirst doch Mrs Cheveley schreiben, nicht wahr, und ihr sagen, dass du ihr schändliches Projekt nicht unterstützen kannst. Wenn du ihr irgendein Versprechen gegeben hast, musst du es zurücknehmen, und Schluss!

SIR ROBERT CHILTERN: Muss ich schreiben und ihr das mitteilen?

LADY CHILTERN: Aber sicher doch, Robert. Was solltest du anderes tun?

SIR ROBERT CHILTERN: Ich könnte persönlich mit ihr sprechen. Das wäre besser.

LADY CHILTERN: Du darfst sie niemals wiedersehen, Robert. Sie ist keine Frau, mit der du überhaupt sprechen solltest. Sie ist es nicht wert, mit einem Mann wie dir zu reden. Nein; du musst ihr sofort schreiben, jetzt, diesen Augenblick noch, und ihr durch deinen Brief zu erkennen geben, dass dein Entschluss unwiderruflich ist!

SIR ROBERT CHILTERN: Diesen Augenblick noch schreiben!

LADY CHILTERN: Ja.

SIR ROBERT CHILTERN: Aber es ist schon so spät. Es ist kurz vor zwölf.

LADY CHILTERN: Das macht nichts. Sie muss sofort erfahren, dass sie sich in dir geirrt hat – und dass du nicht der Mann bist, etwas unter der Hand zu tun, etwas Niederträchtiges oder Ehrloses. Schreib ihr, Robert. Schreib, dass du es ablehnst, ihr Projekt zu unterstützen, da du es für ein zwielichtiges Vorhaben hältst. Ja – schreib das

Wort ‚zwielichtig‘; sie weiß, was das Wort bedeutet. *SIR ROBERT CHILTERN setzt sich und schreibt einen Brief. Seine Frau nimmt ihn und liest ihn.* Ja, das reicht aus. *Sie läutet.* Und jetzt den Umschlag. *Er beschriftet langsam den Umschlag. MASON kommt.* Lassen Sie diesen Brief sofort ins Hotel Claridge bringen. Eine Antwort erwarten wir nicht. *Mason ab. LADY CHILTERN kniet neben ihrem Mann nieder und legt die Arme um ihn.* Robert, die Liebe gibt einem einen Instinkt für die Dinge. Ich spüre, dass ich dich heute Abend vor etwas gerettet habe, das eine Gefahr für dich hätte werden können, vor etwas, das dazu hätte führen können, dass dich die Menschen weniger achten als bisher. Ich glaube nicht, dass du dir hinreichend bewusst bist, dass du unserem heutigen politischen Leben ein edleres Gepräge verliehen hast, eine bessere Haltung dem Leben gegenüber und ein Stück weit freiere Bahn für reinere Ziele und höhere Ideale – Ich weiß es, Robert, und darum liebe ich dich.

SIR ROBERT CHILTERN: Oh liebe mich immer, Gertrude, liebe mich immer.

LADY CHILTERN: Ich werde dich immer lieben, weil du immer der Liebe würdig sein wirst. Wir müssen einfach das Höchste lieben, wenn wir es sehen.

Küsst ihn, steht auf und geht hinaus.

SIR ROBERT CHILTERN geht einen Moment lang auf und ab, dann setzt er sich und vergräbt das Gesicht in den Händen. Der Diener MASON kommt und beginnt das Licht zu löschen.

SIR ROBERT CHILTERN: Lösch nur das Licht, Mason, lösch nur das Licht!

Der Diener löscht das Licht. Der Raum wird fast dunkel. Die einzige Helligkeit kommt von dem großen Kronleuchter über dem Treppenhaus, der den ‚Triumph der Liebe' beleuchtet.

2. Akt

Salon in Sir Robert Chilterns Haus.

LORD GORING, nach dem letzten Schrei der Mode gekleidet, liegt lässig in einem Lehnstuhl. SIR ROBERT CHILTERN steht vor dem Kamin. Er befindet sich offensichtlich in einem Zustand großer seelischer Erregung und Qual. Im Verlauf der Szene geht er nervös im Zimmer auf und ab.

LORD GORING: Mein lieber Robert, das ist eine unangenehme Geschichte, wirklich sehr unangenehm. Du hättest deiner Frau die ganze Sache erzählen sollen. Geheimnisse vor anderer Leute Frauen sind im heutigen Leben ein unvermeidlicher Luxus. Das sagen mir zumindest ständig Leute im Klub, die schon genug Federn haben lassen müssen, um es besser zu wissen. Aber niemand sollte ein Geheimnis vor seiner eigenen Frau haben. Sie wird auf jeden Fall dahinter kommen. Frauen besitzen einen unglaublichen Instinkt für die Dinge. Sie entdecken alles, außer dem Offensichtlichen.

SIR ROBERT CHILTERN: Arthur, ich konnte es meiner Frau nicht sagen. Wann hätte ich es ihr sagen können? Nicht gestern Nacht. Eine Trennung auf Lebenszeit wäre die Folge gewesen und ich hätte die Liebe, der einen Frau auf der Welt, die ich anbete, verloren, der einzigen Frau, die je Liebe in mir erweckt hat. Gestern Nacht wäre es völlig unmöglich gewesen. Sie hätte sich mit Abscheu von mir gewandt… mit Abscheu und Verachtung.

LORD GORING: Ist Lady Chiltern denn so vollkommen?

SIR ROBERT CHILTERN: Ja, meine Frau ist so vollkommen.

LORD GORING *zieht seinen linken Handschuh aus*: Wie schade! … Oh, entschuldige bitte, alter Freund, ich habe es echt nicht so gemeint. Aber wenn das stimmt, was du mir sagst, dann würde ich mit deiner Frau gerne mal ein ernsthaftes Gespräch über das Leben führen.

SIR ROBERT CHILTERN: Das wäre ganz und gar vergeblich.

LORD GORING: Darf ich's versuchen?

SIR ROBERT CHILTERN: Ja. Aber nichts könnte sie dazu bewegen, ihre Ansichten zu ändern.

LORD GORING: Nun, schlimmstenfalls wäre es einfach ein psychologisches Experiment.

SIR ROBERT CHILTERN: Alle derartigen Experimente sind schrecklich gefährlich.

LORD GORING: Alles ist gefährlich, mein Freund. Wäre es anders, dann wäre das Leben nicht lebenswert… Allerdings muss ich sagen, du hättest es ihr schon vor Jahren erzählen sollen.

SIR ROBERT CHILTERN: Wann? Als wir verlobt waren? Glaubst du, sie hätte mich geheiratet, wenn sie gewusst hätte, woher mein Vermögen in Wirklichkeit stammt, worauf meine Karriere in Wahrheit gegründet ist? Dass ich etwas getan habe, was vermutlich die Meisten ehrlos und schändlich nennen würden?

LORD GORING *langsam*: Ja, die Meisten würden dem, was du getan hast, hässliche Namen geben. Darüber gibt es keinen Zweifel.

SIR ROBERT CHILTERN *bitter*: Menschen, die

jeden Tag selbst etwas Derartiges tun. Menschen, die allesamt üblere Geheimnisse in ihrem Leben haben.

LORD GORING: Und das ist auch der Grund, warum es sie so freut, anderer Leute Geheimnisse zu entdecken. Es lenkt die öffentliche Aufmerksamkeit von ihren eigenen ab.

SIR ROBERT CHILTERN: Und wem habe ich schließlich mit dem, was ich tat, geschadet? Keinem.

LORD GORING *sieht ihn fest an*: Außer dir selbst, Robert.

SIR ROBERT CHILTERN *nach einer Pause*: Natürlich hatte ich vertrauliche Informationen über ein Geschäft, das die damalige Regierung ins Auge fasste, und ich handelte danach. Vertrauliche Informationen sind heutzutage praktisch der Ursprung eines jeden großen Vermögens.

LORD GORING *klopft mit seinem Spazierstock gegen seinen Schuh*: Und der Aufschrei öffentlicher Empörung unweigerlich das Resultat.

SIR ROBERT CHILTERN *geht im Zimmer auf und ab:* Arthur, bist du der Ansicht, was ich vor achtzehn Jahren getan habe, soll jetzt ausgegraben und gegen mich verwendet werden? Hältst du es für gerecht, dass die ganze Karriere eines Mannes vernichtet wird wegen eines Fehlers, den er fast noch als junger Hüpfer begangen hat? Ich war damals zweiundzwanzig und hatte das doppelte Pech, arm zu sein und von guter Herkunft, heutzutage zwei unverzeihliche Dinge. Ist es gerecht, dass eine Jugendtorheit... eine Jugendsünde, wenn man es vorzieht, es eine Sünde zu nennen, ein Leben wie das meine zerstören, mich an den Pranger stellen, alles kaputt machen soll, wofür ich gearbeitet, was ich aufgebaut habe. Ist das gerecht, Arthur?

LORD GORING: Das Leben ist niemals gerecht, Robert. Und vielleicht ist es für die meisten von uns gut, dass es nicht gerecht ist.

SIR ROBERT CHILTERN: Jeder Mann von Ehrgeiz muss gegen sein Jahrhundert ankämpfen – mit dessen eigenen Waffen. Was dieses Jahrhundert anbetet, ist Reichtum. Der Gott dieses Jahrhunderts ist Reichtum. Um Erfolg zu haben, muss man Reichtum besitzen. Reichtum um jeden Preis.

LORD GORING: Du unterschätzt dich, Robert. Glaub mir, auch ohne Reichtum hättest du ebenso gut Erfolg haben können.

SIR ROBERT CHILTERN: Wenn ich alt gewesen wäre, vielleicht. Wenn ich die Leidenschaft für Macht verloren hätte, oder sie nicht mehr ausüben könnte. Wenn ich müde, verbraucht, enttäuscht gewesen wäre. Ich wollte meinen Erfolg, als ich jung war. Jugend ist die Zeit für Erfolg. Ich konnte nicht warten.

LORD GORING: Na gut, du hast zweifellos deinen Erfolg gehabt, als du noch jung warst. Niemand in unseren Tagen hat so einen glänzenden Erfolg gehabt. Mit vierzig Staatssekretär im Außenministerium – das ist für jeden gut genug, sollte ich meinen.

SIR ROBERT CHILTERN: Und wenn mir das alles jetzt genommen wird? Wenn ich alles durch einen abscheulichen Skandal verliere? Wenn ich aus dem öffentlichen Leben gejagt werde?

LORD GORING: Robert, wie hast du dich nur für Geld verkaufen können?

SIR ROBERT CHILTERN *gereizt*: Ich habe mich nicht verkauft. Ich habe Erfolg zu einem hohen Preis erkauft. Das ist alles.

LORD GORING *ernst*: Ja, zweifellos hast du einen hohen Preis dafür bezahlt. Aber wie bist du darauf gekommen, etwas Derartiges zu tun?

SIR ROBERT CHILTERN: Baron Arnheim.

LORD GORING: Dieser verdammte Gauner!

SIR ROBERT CHILTERN: Nein. Er war ein Mann von überaus scharfem und hochgebildetem Verstand. Ein Mann mit Kultur, Charme und Klasse. Einer der intelligentesten Menschen, denen ich je begegnet bin.

LORD GORING: Ach, ich ziehe noch jederzeit einen anständigen Dummkopf vor! Zugunsten der Dummheit lässt sich mehr sagen als die Leute denken. Ich persönlich hege große Bewunderung für die Dummheit. Das ist wohl so ein Gefühl persönlicher Verbundenheit. Aber wie hat er es nun geschafft?

SIR ROBERT CHILTERN *wirft sich in einen Lehnstuhl am Schreibtisch*: Eines Abends, nach dem Essen bei Lord Radley, begann der Baron über Erfolg heutzutage zu reden, über Erfolg als etwas, das sich auf eine absolut genau festgelegte Wissenschaft zurückführen lässt. Mit seiner wunderbar faszinierenden, ruhigen Stimme legte er uns die ungeheuerlichste Philosophie von allen dar, die Philosophie der Macht und predigte uns das unglaublichste aller Evangelien, das Evangelium des Geldes. Ich glaube, er sah die Wirkung, die er auf mich ausübte, denn einige Tage später schrieb er und bat mich, ihn aufzusuchen. Er lebte damals in Park Lane, in jenem Haus, das jetzt Lord Woolcomb gehört. Ich erinnere mich noch so gut daran, wie er mich mit einem seltsamen Lächeln um seine bleichen, geschwungenen Lippen durch seine herrliche Gemäldegalerie führte, mir seine Wandteppiche, seine Emaillen, seine Edelsteine, seine Elfenbeinschnitzereien zeigte und mich in Staunen versetzte über die unheimliche, ungewohnte Schönheit des Luxus, in dem er lebte. Und dann sagte er mir, dass Luxus bloß Kulisse sei und dass Macht, Macht über andere Menschen,

Macht über diese Welt das Einzige sei, was es sich zu besitzen lohne, die einzige höchste Lust, die es wert sei gekannt zu werden, die einzige Freude, deren man niemals überdrüssig werde und dass in unserem Jahrhundert nur die Reichen sie besäßen.

LORD GORING *sehr überlegt*: Ein durch und durch oberflächliches Credo.

SIR ROBERT CHILTERN *steht auf*: Dafür hielt ich es damals nicht. Dafür halte ich es auch jetzt nicht. Reichtum hat mir ungeheure Macht gegeben. Er gab mir schon zu Beginn meines Lebens Unabhängigkeit … Freiheit! Und genau das bedeutet alles. Du bist niemals arm gewesen, du hast nie erfahren, was Ehrgeiz ist. Du kannst nicht verstehen, welche wunderbare Chance mir der Baron bot. Eine Chance, wie sie nur wenige erhalten.

LORD GORING: Zu ihrem Glück, wenn man nach den Ergebnissen urteilen darf. Aber erzähl mir genau: wie hat der Baron dich schließlich dazu überredet… na ja eben zu tun, was du getan hast?

SIR ROBERT CHILTERN: Als ich ging, sagte er,

wenn ich ihm jemals eine vertrauliche Information von wirklichem Wert geben könne, werde er mich zu einem sehr reichen Mann machen. Ich war ganz benommen von der Aussicht, die er mir bot und mein Ehrgeiz und mein Verlangen nach Macht waren damals grenzenlos. Sechs Wochen später gingen gewisse vertrauliche Dokumente durch meine Hände.

LORD GORING *hält seine Augen unverwandt auf den Teppich gerichtet*: Staatsdokumente?

SIR ROBERT CHILTERN: Ja.

LORD GORING seufzt, fährt sich dann mit der Hand über die Stirn und schaut auf.

LORD GORING: Ich hatte keine Ahnung, dass von allen Männern auf der Welt ausgerechnet du so schwach gewesen sein konntest, Robert, einer solchen Versuchung nachzugeben.

SIR ROBERT CHILTERN: Schwach? Oh, ich habe es satt, diesen Ausdruck zu hören. Satt, ihn auf andere anzuwenden. Schwach! Glaubst du wirklich, Arthur, dass es Schwäche ist, die der Versuchung nachgibt? Ich sage dir, es gibt schreckliche Versuchungen und es erfordert Kraft, Kraft und Mut ihnen nachzugeben. Sein ganzes Leben in einem einzigen Augenblick aufs Spiel zu setzen, mit einem einzigen Wurf alles zu wagen, egal ob der Preis Macht ist oder Lust – darin liegt keine Schwäche. Darin liegt ein entsetzlicher, ein unheimlicher Mut. Ich besaß diesen Mut. Noch am selben Nachmittag setzte ich mich hin und schrieb Baron Arnheim jenen Brief, den diese Frau jetzt in Händen hält. Er verdiente bei diesem Geschäft eine dreiviertel Million.

LORD GORING: Und du?

SIR ROBERT CHILTERN: Ich erhielt vom Baron 110.000 Pfund.

LORD GORING: Du warst mehr wert, Robert.

SIR ROBERT CHILTERN: Nein. Dieses Geld verschaffte mir genau das, was ich wollte: Macht über andere. Ich trat sofort ins Parlament ein. Von Zeit zu Zeit beriet der Baron mich in Geldgeschäften. Ehe fünf Jahre um waren, hatte ich mein Vermögen fast verdreifacht. Alle Projekte, die ich seit damals in Angriff nahm, haben sich als Erfolg erwiesen. In allen Geldangelegenheiten habe ich ein so außergewöhnliches Glück gehabt, dass es mir manchmal fast schon Angst gemacht hat. Ich erinnere mich, irgendwo, in irgend so einem exotischen Buch, gelesen zu haben: Wenn die Götter uns strafen wollen, erhören sie unsere Gebete.

LORD GORING: Aber sag mir Robert, hast du nie bereut, was du getan hast?

SIR ROBERT CHILTERN: Nein. Ich fühlte, ich hatte das Jahrhundert mit seinen eigenen Waffen geschlagen. Ich hatte gewonnen.

LORD GORING *düster*: Du glaubtest, du hättest gewonnen.

SIR ROBERT CHILTERN: Das **glaubte** ich. *Nach einer langen Pause* Arthur, verachtest du mich für das, was ich dir erzählt habe?

LORD GORING *mit tiefem Gefühl in der Stimme*: Du tust mir sehr leid, Robert, wirklich sehr leid.

SIR ROBERT CHILTERN: Ich behaupte nicht, dass

ich irgendwelche Gewissensbisse verspürt hätte. Keine Gewissensbisse im üblichen, etwas albernen Sinn dieses Wortes. Aber ich habe oft versucht, mit meinem Geld Wiedergutmachung zu leisten. Ich hegte die abenteuerliche Hoffnung, ich könnte das Schicksal besänftigen. Die Summe, die mir Baron Arnheim gab, habe ich seitdem in doppelter Höhe gemeinnützigen Stiftungen zukommen lassen.

LORD GORING: Gemeinnützigen Stiftungen? Du liebe Güte! Robert, wie viel Schaden musst du nur angerichtet haben!

SIR ROBERT CHILTERN: Oh, sag das nicht, Arthur; sprich nicht so!

LORD GORING: Kümmere dich nicht darum, was ich sage, Robert! Ich sage immer, was ich nicht sagen sollte. Eigentlich sage ich gewöhnlich, was ich wirklich denke. Das ist heutzutage ein großer Fehler. Man läuft so sehr Gefahr, missverstanden zu werden. Was diese fürchterliche Geschichte betrifft, so will ich dir helfen, wie ich nur kann. Das weißt du natürlich.

SIR ROBERT CHILTERN: Ich danke dir, Arthur,

ich danke dir. Aber was soll man tun? Was kann man tun?

LORD GORING *lehnt sich, die Hände in den Taschen, zurück*: Tja, die Engländer können keinen Mann ertragen, der immer behauptet, Recht zu haben, aber sie haben viel übrig für einen Mann, der zugibt, Unrecht gehabt zu haben. Aber in deinem Fall würde ein Geständnis nicht helfen. Das Geld – wenn du gestattest, dass ich das sage, ist... misslich. Außerdem, wenn du die ganze Sache eingeständest, würdest du nie mehr Moral predigen können. Und in England ist ein Mann, der nicht zwei Mal in der Woche einer großen, unmoralischen Zuhörerschaft aus dem Volke Moral predigen kann, als ernsthafter Politiker völlig erledigt. Ihm bliebe als Beruf nichts übrig als Botanik oder die Kirche. Ein Geständnis hätte keinen Sinn. Es würde dich ruinieren.

SIR ROBERT CHILTERN: Es würde mich ruinieren. Arthur, ich kann nichts anderes tun, als die Sache auszufechten.

LORD GORING *erhebt sich von seinem Sessel*: Ich habe darauf gewartet, dass du das sagst, Robert. Es ist das Einzige, was jetzt zu tun ist. Und du musst damit anfangen, dass du deiner Frau die ganze Geschichte erzählst.

SIR ROBERT CHILTERN: Das werde ich nicht tun.

LORD GORING: Robert, glaub mir, da hast du Unrecht.

SIR ROBERT CHILTERN: Ich könnte es nicht. Es würde ihre Liebe zu mir töten. Und nun zu dieser Person, dieser Mrs Cheveley. Wie kann ich mich gegen sie wehren? Anscheinend warst du früher mit ihr bekannt, Arthur.

LORD GORING: Ja.

SIR ROBERT CHILTERN: Hast du sie gut gekannt?

LORD GORING *ordnet seine Krawatte*: So wenig, dass ich mich Hals über Kopf mit ihr verlobte, als ich mich damals bei den Tenbys aufhielt. Die Geschichte hielt fast drei Tage.

SIR ROBERT CHILTERN: Warum endete sie?

LORD GORING *leichthin*: Ich hab's vergessen.

Zumindest spielt es keine Rolle. Hast du übrigens schon versucht, sie mit Geld zu erweichen? Sie war schon immer verdammt scharf aufs Geld.

SIR ROBERT CHILTERN: Ich habe ihr jede gewünschte Summe angeboten. Sie hat abgelehnt.

LORD GORING: Das wunderbare Evangelium des Geldes versagt also manchmal. Letztendlich können sich auch die Reichen nicht alles leisten.

SIR ROBERT CHILTERN: Vermutlich hast du recht. Arthur, ich habe das Gefühl mir steht öffentliche Schande bevor, der Aufschrei der öffentlichen Empörung. Ich bin davon überzeugt. Nie zuvor wusste ich, was Entsetzen ist. Jetzt weiß ich es. Es ist, als läge eine eisige Hand auf dem Herzen - als poche das Herz sich in einer einsamen Höhle zu Tode.

LORD GORING *schlägt auf den Tisch*: Robert, du musst sie bekämpfen! Du musst sie bekämpfen.

SIR ROBERT CHILTERN: Aber wie?

LORD GORING: Das kann ich dir im Moment nicht sagen. Ich habe nicht die geringste Idee.

Aber jeder hat seinen schwachen Punkt. Jeder hat seine Fehler. *Schlendert zum Kamin und betrachtet sich im Spiegel.* Mein Vater sagt mir, dass sogar ich meine Fehler habe. Kann sein. Ich weiß es nicht.

SIR ROBERT CHILTERN: Wenn ich mich jetzt gegen Mrs Cheveley wehre, habe ich doch das Recht, jede Waffe zu gebrauchen, die ich finden kann, oder?

LORD GORING *immer noch in den Spiegel schauend*: An deiner Stelle hätte ich vermutlich nicht die geringsten Bedenken. Mrs Cheveley ist durchaus in der Lage, auf sich selbst aufzupassen.

SIR ROBERT CHILTERN *setzt sich an den Tisch und nimmt eine Feder zur Hand*: Gut, ich werde ein verschlüsseltes Telegramm an die Botschaft in Wien schicken und mich erkundigen, ob etwas bekannt ist, das gegen sie spricht. Vielleicht gibt es irgendeinen dunklen Punkt in ihrer Vergangenheit...

LORD GORING *rückt seine Knopflochblume zurecht*: Oh, ich möchte meinen, Mrs Cheveley gehört zu den ganz modernen Frauen von heute, die einen neuen Skandal genauso schick finden wie einen neuen Hut und beides jeden Nachmittag um halb sechs im Park spazieren führen. Ich bin sicher, sie liebt ärgerliches Aufsehen und dass der Kummer ihres Lebens momentan darin besteht, nicht genügend Aufsehen erregen zu können.

SIR ROBERT CHILTERN: Wie kommst du darauf?

LORD GORING: Sie trug gestern Abend viel zu viel Rouge, aber nicht genug Kleidung. Das ist bei Frauen immer ein Zeichen von Verzweiflung.

SIR ROBERT CHILTERN *während er läutet*: Aber es lohnt sich doch, dass ich nach Wien telegraphiere, oder?

LORD GORING: Es lohnt sich immer eine Frage zu stellen, auch wenn es sich nicht immer lohnt eine Frage zu beantworten.

MASON tritt auf.

SIR ROBERT CHILTERN: Ist Mr Trafford in seinem Zimmer?

MASON: Jawohl, Sir Robert.

SIR ROBERT CHILTERN: Sagen Sie ihm, er möchte dies sofort abschicken und zwar chiffriert. Es muss unverzüglich geschehen.

MASON: Jawohl, Sir Robert.

SIR ROBERT CHILTERN: Oh! Geben Sie das noch einmal her. *Schreibt etwas auf den Umschlag. Darauf geht MASON mit dem Brief hinaus.*

SIR ROBERT CHILTERN: Sie muss einen merkwürdigen Einfluss auf Baron Arnheim gehabt haben. Was das wohl gewesen sein mag...?

LORD GORING *lächelnd*: Das frag ich mich jetzt auch.

SIR ROBERT CHILTERN: Ich werde sie auf Leben und Tod bekämpfen – solange nur meine Frau nichts erfährt.

LORD GORING *mit Nachdruck*: Oh, kämpfe auf jeden Fall, Robert, – auf jeden Fall.

SIR ROBERT CHILTERN *mit einer Gebärde der Hoffnungslosigkeit*: Wenn meine Frau dahinterkäme, bliebe nur wenig übrig, um das ich kämpfen könnte. Nun, sobald ich etwas aus Wien höre, werde ich dich das Resultat wissen lassen. Es ist eine Möglichkeit, nur eine Möglichkeit auf gut Glück, aber ich glaube daran. Und wie ich das Jahrhundert mit seinen eigenen Waffen geschlagen habe, werde ich sie mit ihren eigenen Waffen bekämpfen. Das ist nur recht und billig, und sie sieht aus wie eine Frau mit Vergangenheit, nicht wahr?

LORD GORING: Das ist bei den meisten hübschen Frauen der Fall. Aber es gibt eine Mode in Vergangenheiten, wie es eine Mode in Kleidern gibt. Vielleicht gewährt Mrs Cheveleys Vergangenheit keine allzu offenherzigen Einblicke – und so etwas ist heute wieder ungeheuer beliebt. Außerdem, mein lieber Robert, würde ich nicht allzu große Hoffnungen darauf setzen, Mrs Cheveley Angst einzujagen. Ich glaube wirklich nicht, dass Mrs Cheveley eine Frau ist, der man leicht bange machen kann. Sie hat alle ihre Gläubiger überlebt und sie beweist eine erstaunliche Geistesgegenwart.

SIR ROBERT CHILTERN: Oh, ich lebe jetzt von Hoffnungen. Ich klammere mich an jede

Möglichkeit. Ich fühle mich wie ein Mann auf einem sinkenden Schiff. Schon schäumt das Wasser über meine Füße hinweg und genau über mir wütet der Sturm. Still. Ich höre die Stimme meiner Frau.

LADY CHILTERN, in Straßenkleidung, tritt auf.

LADY CHILTERN: Guten Tag, Lord Goring.

LORD GORING: Guten Tag, Lady Chiltern. Waren Sie im Park?

LADY CHILTERN: Nein, ich komme gerade vom liberalen Frauenverein..., wo übrigens dein Name, Robert, mit lautem Beifall begrüßt worden ist, und jetzt möchte ich meinen Tee trinken. *Zu LORD GORING* Sie bleiben doch und trinken mit, nicht wahr?

LORD GORING: Vielen Dank, ich werde gern noch ein wenig bleiben.

LADY CHILTERN: Ich bin gleich zurück, ich nehme nur noch meinen Hut ab.

LORD GORING *höchst ernsthaft*: Oh, bitte nicht.

Er ist so hübsch. Einer der hübschesten Hüte, die ich je gesehen habe. Ich hoffe, der liberale Frauenverein hat ihn mit lautem Beifall begrüßt.

LADY CHILTERN *mit einem Lächeln*: Wir haben viel Wichtigeres zu tun, als uns mit unseren Hüten zu beschäftigen, Lord Goring.

LORD GORING: Tatsächlich? Was denn?

LADY CHILTERN: Ach, langweilige, nützliche und wunderbare Dinge: Neue Gesetzesinitiativen für einen verbesserten Schutz der Arbeiter, insbesondere von Frauen und Kindern, die Einsetzung weiblicher Aufseher, die Durchsetzung des Achtstundentages, der Kampf für ein gerechteres Wahlrecht... Eigentlich alles, was Sie völlig uninteressant finden würden.

LORD GORING: Und niemals Hüte?

LADY CHILTERN *mit gespielter Entrüstung*: Nein, niemals Hüte.

LADY CHILTERN geht durch die Tür, die in ihr Ankleidezimmer führt.

SIR ROBERT CHILTERN *nimmt LORD GORINGs Hand*: Du warst mir immer ein guter Freund, Arthur, ein wirklich guter Freund.

LORD GORING: Ich glaube nicht, dass ich viel für dich habe tun können, Robert. Soweit ich sehe, habe ich eigentlich überhaupt nichts für dich tun können. Ich bin gründlich enttäuscht von mir.

SIR ROBERT CHILTERN: Du hast es mir möglich gemacht, dir die Wahrheit zu erzählen. Das ist sehr viel. Die Wahrheit hat mir immer wie Blei im Magen gelegen.

LORD GORING: Ach, die Wahrheit ist etwas, wovon ich mich so schnell wie möglich befreie. Übrigens eine schlechte Angewohnheit. Das macht einen sehr unbeliebt im Club... besonders bei den älteren Mitgliedern. Sie nennen das Arroganz. Vielleicht haben sie Recht.

SIR ROBERT CHILTERN: Ich wünschte zu Gott, ich wäre imstande gewesen, die Wahrheit zu sagen ... nach der Wahrheit zu leben. Das ist das Wichtigste im Leben, nach der Wahrheit zu leben. *Seufzt und geht zur Tür.* Ich sehe dich doch bald wieder, Arthur, nicht wahr?

LORD GORING: Sicher. Wann immer du möchtest. Heute Abend werde ich auf einen Sprung bei dem Ball im Bacherlor's Club vorbeischauen, wenn ich nichts Besseres zu tun habe. Aber ich werde morgen wieder bei dir vorbeikommen. Wenn du mich zufällig heute Abend noch brauchen solltest, schick eine Nachricht in die Curzon Street.

SIR ROBERT CHILTERN: Danke. *Als er an der Tür ist, kommt LADY CHILTERN aus ihrem Ankleidezimmer.*

LADY CHILTERN: Du willst doch nicht gehen, Robert?

SIR ROBERT CHILTERN: Ich habe noch ein paar Briefe zu schreiben, Liebste.

LADY CHILTERN *geht zu ihm*: Du arbeitest zu angestrengt, Robert. Nie scheinst du an dich zu denken und du siehst so müde aus.

SIR ROBERT CHILTERN: Es ist nichts, mein Schatz, nichts. *Er küsst sie und geht ab.*

LADY CHILTERN *zu LORD GORING*: Setzen Sie sich. Ich bin so froh, dass Sie gekommen sind. Ich möchte mit Ihnen sprechen… nein, nicht über Hüte oder den liberalen Frauenverein. Das erste interessiert Sie viel zu sehr und das zweite nicht annähernd genug.

LORD GORING: Sie möchten mit mir über Mrs Cheveley sprechen?

LADY CHILTERN: Ja. Sie haben es erraten. Nachdem Sie gestern Abend fort waren, erfuhr ich, dass das, was sie gesagt hatte, tatsächlich der Wahrheit entsprach. Natürlich habe ich Robert sofort veranlasst, ihr einen Brief zu schreiben und sein Versprechen zurückzunehmen.

LORD GORING: Das gab er mir zu verstehen.

LADY CHILTERN: Wenn er es gehalten hätte, wäre das der erste schmutzige Fleck auf einer stets makellosen Laufbahn gewesen. Robert muss über jeden Vorwurf erhaben sein. Er ist nicht wie andere Männer. Er kann sich nicht leisten, was andere Männer tun. *Sie sieht LORD GORING an, der schweigt.* Sind Sie nicht meiner Ansicht? Sie sind Roberts bester Freund. Sie sind unser bester

Freund. Keiner außer mir kennt Robert besser als Sie. Er hat keine Geheimnisse vor mir und ich glaube nicht, dass er welche vor Ihnen hat.

LORD GORING: Er hat bestimmt keine Geheimnisse vor mir. Zumindest glaube ich das.

LADY CHILTERN: Habe ich dann nicht Recht mit meiner Meinung von ihm? Ich weiß, dass ich Recht habe. Aber sprechen Sie nur offen.

LORD GORING: Ganz offen?

LADY CHILTERN: Gewiss. Sie haben doch nichts zu verbergen?

LORD GORING: Nichts. Aber, meine liebe Lady Chiltern, ich glaube – wenn Sie mir die Bemerkung gestatten –, dass im praktischen Leben…

LADY CHILTERN *lächelnd*: Von dem Sie so wenig wissen, Lord Goring…

LORD GORING: Von dem ich aus Erfahrung nichts weiß, wenn auch einiges durch Beobachtung. Ich glaube, dass im praktischen

Leben der Erfolg, der wirkliche Erfolg, etwas an sich hat, das ein wenig skrupellos ist, und dass der Ehrgeiz stets etwas Skrupelloses hat. Haben manche Menschen erst einmal Herz und Seele daran gehängt einen bestimmten Punkt zu erreichen, und müssen sie dazu eine Klippe überwinden, dann überwinden sie die Klippe. Und wenn sie im Schmutz waten müssen...

LADY CHILTERN: Nun?

LORD GORING: ... dann waten sie eben im Schmutz. Natürlich spreche ich nur allgemein über das Leben.

LADY CHILTERN *ernst*: Das will ich doch hoffen. Warum sehen Sie mich so merkwürdig an, Lord Goring?

LORD GORING: Lady Chiltern, ich habe mir manchmal gedacht, dass... Sie vielleicht etwas streng in Ihren Lebensanschauungen sind... Ich glaube, dass... Sie oft nicht genügend Nachsicht üben. In jedem Charakter sind Anlagen zu Schwäche oder Schlimmerem als zu Schwäche vorhanden. Nehmen wir zum Beispiel an, irgendeine Person des öffentlichen Interesses, mein Vater oder Lord Merton oder sagen wir auch Robert, hätte vor Jahren jemandem einen törichten Brief geschrieben…

LADY CHILTERN: Was meinen Sie mit einem „törichten Brief"?

LORD GORING: Einen Brief, der die Position des Betreffenden ernsthaft gefährdet. Ich setze nur einen frei erfundenen Fall…

LADY CHILTERN: Robert ist genauso unfähig, etwas Dummes wie etwas Unrechtes zu tun.

LORD GORING *nach einer langen Pause*: Niemand ist unfähig, etwas Dummes zu tun. Niemand ist unfähig, etwas Unrechtes zu tun.

LADY CHILTERN: Sind Sie ein Pessimist? Was werden die anderen Dandys sagen? Sie werden jetzt alle Trauer tragen müssen.

LORD GORING *steht auf*: Nein Lady Chiltern, ich bin kein Pessimist. Freilich bin ich nicht ganz sicher, ob ich genau weiß, was Pessimismus wirklich bedeutet. Ich weiß nur, dass das Leben nicht ohne barmherzige Nachsicht begriffen, nicht ohne barmherzige Nachsicht gelebt werden kann. Liebe und nicht deutsche Philosophie ist die wahre Antwort auf die Fragen dieses Lebens – egal was auch immer uns danach erwarten mag. Und wenn Sie je in Schwierigkeiten sein sollten, vertrauen Sie mir voll und ganz und ich werde Ihnen auf jede mir mögliche Weise helfen. Wenn Sie mich jemals brauchen, kommen Sie zu mir um Beistand und Sie werden ihn erhalten. Kommen Sie sofort zu mir.

LADY CHILTERN *sieht ihn überrascht an*: Lord Goring, Sie sprechen ganz ernst. So habe ich Sie noch nie sprechen hören.

LORD GORING: Verzeihen Sie mir, Lady Chiltern, es wird nicht wieder vorkommen, wenn ich es vermeiden kann.

LADY CHILTERN: Aber es gefällt mir, wenn Sie ernst sind.

In einem entzückenden Kleid tritt MABEL CHILTERN auf.

MABEL CHILTERN: Liebe Gertrude, sag' Lord Goring doch nicht so etwas Fürchterliches! Ernst würde ihm überhaupt nicht stehen. Guten Tag Lord Goring, bitte bleiben Sie so leicht und locker, wie Sie können.

LORD GORING: Das würde ich gerne, Miss Mabel, aber ich fürchte ich bin… heute ein wenig aus der Übung. Und außerdem muss ich jetzt gehen.

MABEL CHILTERN: Gerade, wenn ich komme! Was haben Sie bloß für schreckliche Manieren! Bestimmt hatten Sie eine ganz schlechte Erziehung.

LORD GORING: Oh ja.

MABEL CHILTERN: Ich wünschte, ich hätte Sie erzogen.

LORD GORING: Ich bedaure sehr, dass Sie das nicht haben.

MABEL CHILTERN: Vermutlich ist es jetzt zu spät?

LORD GORING *lächelnd*: Da bin ich nicht so sicher.

MABEL CHILTERN: Werden Sie morgen Vormittag ausreiten?

LORD GORING: Ja, um Zehn.

MABEL CHILTERN: Vergessen Sie's nicht.

LORD GORING: Natürlich nicht. Übrigens, Lady Chiltern, in der heutigen Morning Post ist keine Liste Ihrer Gäste erschienen. Bestimmt ist sie durch den Grafschaftsrat oder durch die Lambeth-Konferenz... oder etwas ebenso Langweiliges verdrängt worden. Könnten Sie mir eine Liste verschaffen? Ich habe einen besonderen Grund, Sie darum zu bitten.

LADY CHILTERN: Sicher wird Mr Trafford Ihnen eine geben können.

MABEL CHILTERN: Tommy ist der nützlichste Mensch von ganz London.

LORD GORING *wendet sich zu ihr*: Und wer ist Londons größte Zierde?

MABEL CHILTERN *triumphierend*: Ich.

LORD GORING: Wie gescheit von Ihnen, es zu erraten. *Nimmt Hut und Stock*. Auf Wiedersehen, Lady Chiltern. Sie werden daran denken, was ich Ihnen gesagt habe?

LADY CHILTERN: Ja. Aber ich weiß nicht, warum Sie es zu mir gesagt haben.

LORD GORING: Das weiß ich selbst kaum. Auf Wiedersehen, Miss Mabel!

MABEL CHILTERN *mit einem etwas enttäuschten Schmollmund*: Ich wünschte, Sie würden noch nicht gehen. Ich habe heute Morgen vier wundervolle Abenteuer erlebt, eigentlich viereinhalb. Sie könnten bleiben und sich ein paar anhören.

LORD GORING: Das ist ganz schön egoistisch von Ihnen, viereinhalb zu erleben. Da werden für mich keine Abenteuer mehr übrig sein.

MABEL CHILTERN: Ich möchte nicht, dass Sie überhaupt welche erleben. Das wäre nicht gut für Sie.

LORD GORING: Das ist das erste Mal, dass Sie etwas wirklich Unfreundliches zu mir gesagt haben. Und wie reizend Sie es gesagt haben. Also, morgen um Zehn.

MABEL CHILTERN: Pünktlich.

LORD GORING: Auf die Minute. Aber bringen Sie nicht Mr Trafford mit.

MABEL CHILTERN *wirft ein wenig den Kopf nach hinten*: Natürlich werde ich Tommy Trafford nicht mitbringen. Tommy Trafford ist tief in Ungnade.

LORD GORING: Das freut mich zu hören. *Verbeugt sich und geht hinaus.*

MABEL CHILTERN: Gertrude, ich wünschte, du würdest mal mit Tommy Trafford sprechen.

LADY CHILTERN: Was hat der arme Mr Trafford jetzt wieder angestellt? Robert sagt, er sei der beste Sekretär, den er je hatte.

MABEL CHILTERN: Tommy hat mir schon wieder einen Antrag gemacht. Tommy Trafford tut wirklich nichts anderes, als mir ständig Anträge zu machen. Gestern Abend, im Musikzimmer hat er mir einen Antrag gemacht und ich war völlig wehrlos, weil da so ein anspruchsvolles Trio gespielt wurde. Dass ich nicht gewagt habe, ihm auch nur das Mindeste zu entgegen, brauche ich dir wohl kaum zu erzählen. Es hätte die Musik sofort zum Schweigen gebracht. Musiker und Musikliebhaber sind so absurd unvernünftig. Sie möchten, dass man stumm wie ein Fisch ist, gerade wenn man am liebsten stocktaub wäre. Und dann, heute Morgen, hat er es schon wieder getan: Bei vollem Tageslicht, vor dieser grässlichen Achillesstatue hat er mir einen Antrag gemacht. Ehrlich, was vor diesem „Kunstwerk" so alles passiert, ist einfach schauderhaft. Die Polizei sollte einschreiten. Beim zweiten Frühstück sah ich an dem Glanz in seinen Augen, dass er mir wieder einen Antrag machen wollte – und es gelang mir gerade noch, ihn rechtzeitig im Zaum zu halten, indem ich beteuerte, ich sei Bi...metallistin. Zum Glück weiß ich nicht, was Bimetallismus bedeutet. Und ich glaube auch nicht, dass es jemand anders weiß. Aber die Bemerkung schmetterte Tommy für zehn Minuten nieder. Er war ganz fertig. Und außerdem ist Tommys Art, Anträge zu machen, so was von lästig. Ich hätte weniger dagegen einzuwenden, wenn er es lauthals täte. Das könnte auf die Leute Eindruck machen. Aber er wird dabei immer so schrecklich vertraulich. Wenn Tommy romantisch sein möchte, redet er mit einem wie ein Arzt. Ich mag Tommy sehr gern, aber seine Art und Weise, einen Heiratsantrag zu machen, ist völlig überholt. Ich wünschte, du würdest mit ihm sprechen, Gertrude, und ihm sagen, dass ein Heiratsantrag pro Woche für jeden vollauf genug ist - und dass man(n) so eine entscheidende Frage auf jeden Fall so stellen sollte, dass man(n) wenigstens etwas Aufmerksamkeit erregt.

LADY CHILTERN: Liebe Mabel, sprich nicht so. Außerdem hält Robert sehr viel von Mr Trafford. Er meint, der Mann habe noch eine glänzende Zukunft vor sich.

MABEL CHILTERN: Um nichts auf der Welt würde ich einen Mann heiraten, der eine Zukunft noch vor sich hat!

LADY CHILTERN: Mabel!

MABEL CHILTERN: Ich weiß, meine Liebe. Du

hast ja einen Mann geheiratet, der seine Zukunft damals vor sich hatte. Aber schließlich war Robert ein Genie und du hast so einen edlen, selbstaufopfernden Charakter. Du kannst Genies ertragen. Ich habe überhaupt keinen Charakter, und das einzige Genie, das ich je ertragen konnte, ist Robert. Generell finde ich sie einfach unmöglich. Genies reden so viel, oder? Das ist so eine schlechte Angewohnheit! Und immer kreisen ihre Gedanken um sich selbst, wenn ich möchte, dass sie an mich denken. Ich muss jetzt los, zur Probe bei Lady Basildon. Wir stellen nämlich berühmte Gemälde nach – Tableaux vivants für den guten Zweck. Der Triumph von …ach, was weiß ich! Ich hoffe es wird mein Triumph. Das ist der einzige Triumph, der mich im Augenblick wirklich interessiert. *Küsst LADY CHILTERN und geht hinaus, kommt jedoch gleich zurückgelaufen.* Oh Gertrude, weißt du wer dich besuchen kommt? Diese grässliche Mrs Cheveley in einem wunderhübschen Kleid. Hast du sie eingeladen?

LADY CHILTERN *steht auf:* Mrs Cheveley? Besucht mich? Unmöglich!

MABEL CHILTERN: Ich sage dir, sie kommt die

Treppe herauf – in voller Lebensgröße und wie eine Fatamorgana.

LADY CHILTERN: Du brauchst nicht zu warten, Mabel. Vergiss nicht, Lady Basildon erwartet dich.

MABEL CHILTERN: Oh! Ich muss Lady Markby begrüßen. Sie ist einfach entzückend. Ich hab's so gern, wenn sie mich tüchtig ausschimpft.

MASON tritt auf.

MASON: Lady Markby und Mrs Cheveley.

LADY MARKBY und MRS CHEVELEY treten auf.

LADY CHILTERN *geht ihnen entgegen*: Meine liebe Lady Markby, wie reizend von Ihnen, mich zu besuchen. *Reicht ihr die Hand und verneigt sich etwas kühl gegen MRS CHEVELEY.* Wollen Sie nicht Platz nehmen, Mrs Cheveley?

MRS CHEVELEY: Danke. Ist das nicht Miss Chiltern? Ich würde sie so gerne kennenlernen.

LADY CHILTERN: Mabel, Mrs Cheveley möchte dich kennenlernen.

MABEL CHILTERN neigt zur Begrüßung ein wenig den Kopf.

MRS CHEVELEY *setzt sich*: Ich fand Ihr Kleid gestern Abend so hübsch. So schlicht… und so passend.

MABEL CHILTERN: Wirklich? Das muss ich meiner Schneiderin sagen. Sie wird ganz schön überrascht sein. Auf Wiedersehen, Lady Markby.

LADY MARKBY: Sie wollen schon gehen?

MABEL CHILTERN: Es tut mir so leid, aber ich muss. Ich bin auf dem Sprung zu einer Probe. Ich muss in einigen Tableaux vivants auf dem Kopf stehen.

LADY MARKBY: Auf dem Kopf, Kind? Oh! Ich hoffe doch nicht. Ich glaube, das ist höchst ungesund.

MABEL CHILTERN: Aber es ist für ein großartiges Charity-Projekt – zugunsten der Benachteiligten, der wirklich Benachteiligten… der Benachteiligten zweiter Klasse, denn die haben keine Lobby. Das sind die einzigen Leute, die mich wirklich interessieren. Ich bin die Sekretärin der Stiftung und Tommy Trafford ist der Schatzmeister.

MRS CHEVELEY: Und was ist Lord Goring?

MABEL CHILTERN: Oh, Lord Goring ist der Präsident.

MRS CHEVELEY: Der Posten müsste wunderbar zu ihm passen - wenn er nur nicht verdorben ist, seit ich ihn kennengelernt habe.

LADY MARKBY *nachdenklich*: Sie sind bemerkenswert modern, Mabel. Vielleicht etwas zu modern. Nichts ist gefährlicher, als allzu modern zu sein. Es kann einem leicht passieren, dass man ganz plötzlich altmodisch wird. Ich habe schon viele Beispiele dafür erlebt.

MABEL CHILTERN: Was für eine schreckliche Aussicht!

LADY MARKBY: Ach, meine Liebe, Sie brauchen nicht nervös zu werden. Sie werden doch immer so hübsch wie nur möglich sein. Das ist die beste

Mode, die es gibt, und die einzige Mode, in der England mit Erfolg tonangebend ist.

MABEL CHILTERN *mit einem Knicks*: Haben Sie vielen Dank, Lady Markby, im Namen Englands... und in meinem. *Geht ab.*

LADY MARKBY *wendet sich an Lady Chiltern*: Liebe Gertrude, wir sind nur vorbeigekommen, um in Erfahrung zu bringen, ob Mrs Cheveleys Diamantspange gefunden wurde.

LADY CHILTERN: Hier?

MRS CHEVELEY: Ja. Ich vermisste sie, als ich ins Claridge zurückkam, und ich dachte, ich könnte sie möglicherweise hier verloren haben.

LADY CHILTERN: Davon ist mir nichts bekannt. Aber ich werde den Butler kommen lassen und ihn fragen. *Läutet.*

MRS CHEVELEY: Oh bitte, machen Sie sich keine Umstände, Lady Chiltern. Möglicherweise habe ich sie auch in der Oper verloren, ehe wir herkamen.

LADY MARKBY: Ach ja, wahrscheinlich ist es in der Oper gewesen. Tatsache ist, dass wir uns heutzutage doch alle mit den Ellenbogen unseren Weg durch das große Gedränge bahnen und weiter und immer weiter hasten, so dass ich staunen muss, wenn wir am Ende des Tages überhaupt noch etwas an uns zurückbehalten haben. Ich weiß das von mir selbst. Jedes Mal, wenn die Debütantinnen bei Hofe vorgestellt werden, habe ich auf dem Heimweg das Gefühl, als hätte ich nicht einen Fetzen am Leibe – außer dem klitzekleinen Fitzelchen, das von meinem guten Namen gerade noch übrig ist, meinem moralischen Feigenblatt sozusagen, das gerade ausreicht, um die unteren Schichten daran zu hindern, peinliche Bemerkungen durch mein Wagenfenster zu machen. Tatsache ist doch, dass unsere Gesellschaft fürchterlich übervölkert ist. Jemand sollte wirklich mal ein ordentliches System staatlich kontrollierter Auswanderung organisieren. Das würde sehr viel Gutes bewirken.

MRS CHEVELEY: Ich bin völlig Ihrer Meinung, Lady Markby. Es ist fast sechs Jahre her, dass ich zur Saison in London gewesen bin, und ich muss sagen, die Gesellschaft ist jetzt so schrecklich gemischt. Überall sieht man die merkwürdigsten

Leute.

LADY MARKBY: Ganz richtig, meine Liebe. Aber man muss sie ja nicht unbedingt kennenlernen. Ich bin mir sicher, dass ich nicht einmal die Hälfte der Leute kenne, die in mein Haus kommen. Und nach alledem, was ich so höre, möchte ich das auch gar nicht.

MASON tritt auf.

LADY CHILTERN: Was für eine Spange war es denn, die Sie verloren haben, Mrs Cheveley?

MRS CHEVELEY: Eine Diamantspange in Form einer Schlange mit einem Rubin, einem ziemlich großen Rubin.

LADY MARKBY: Ich dachte, meine Liebe, Sie sagten, am Kopf sei ein Saphir.

MRS CHEVELEY *lächelnd*: Nein, Lady Markby, ein Rubin.

LADY MARKBY *nickt*: Sie steht Ihnen jedenfalls ausgezeichnet, da bin ich mir ganz sicher.

LADY CHILTERN: Ist eine Diamantspange mit einem Rubin heute Morgen in irgendeinem der Zimmer gefunden worden, Mason?

MASON: Nein, Mylady.

MRS CHEVELEY: Es ist wirklich nicht wichtig, Lady Chiltern. Es tut mir leid, Ihnen Ungelegenheiten bereitet zu haben.

LADY CHILTERN *kalt*: Ach, **das** sind doch keine Ungelegenheiten. Danke, Mason. Sie können den Tee bringen.

Mason geht ab.

LADY MARKBY: Nun, ich muss sagen, es ist äußerst ärgerlich etwas zu verlieren. Da fällt mir ein, einmal in Bath habe ich während der Kur ein ausnehmend hübsches Kammeenarmband, das Sir John mir geschenkt hatte, in der Trinkhalle verloren. Ich sag's nur ungern, aber ich glaube nicht, dass er mir seitdem jemals wieder etwas geschenkt hat. Es ist traurig, wie er auf den Hund gekommen ist. Wirklich, dieses grässliche Unterhaus verdirbt unsere Männer noch ganz und gar. Ich halte das House of Commons für den bei weitem größten Schlag gegen ein glückliches Eheleben überhaupt, seit diesem merkwürdigen Einfall, Frauen studieren zu lassen.

LADY CHILTERN: He! Lady Markby, es ist Ketzerei, derartige Dinge in diesem Haus zu äußern. Robert kämpft unermüdlich dafür, dass Frauen studieren können, und das – Verzeihung – tu ich auch.

MRS CHEVELEY: Gute Bildung für Frauen in allen Ehren, aber was ich zu gern erleben möchte, ist eine bessere **Erziehung** der Männer. Die haben das nämlich bitter nötig.

LADY MARKBY: Allerdings, meine Liebe. Aber ich fürchte, ein solcher Plan wäre völlig undurchführbar. Ich glaube nicht, dass der Mann ein besonders großes Entwicklungspotential hat. Er ist so weit gekommen, wie es ihm möglich ist, und das ist nicht allzu weit, oder? Was aber die Frauen betrifft, nun ja, liebe Gertrude, Sie gehören zu der jüngeren Generation und es ist zweifellos ganz in Ordnung, wenn Sie dem zustimmen. Zu meiner Zeit hat man uns natürlich beigebracht, nichts zu verstehen. Das war das alte System und es war erstaunlich interessant. Ich versichere

Ihnen, es war ungeheuerlich, wie viele Dinge nicht zu wissen, man meine arme Schwester und mich gelehrt hat. Die Frauen von heute dagegen verstehen alles, wie ich höre.

MRS CHEVELEY: Mit Ausnahme ihrer Ehemänner. Die sind das Einzige, was die die Frau von heute nie versteht.

LADY MARKBY: Und das ist auch gut so! Andernfalls könnte so manches glückliche Heim in die Brüche gehen. Ihres nicht, Gertrude, das brauche ich wohl kaum zu sagen. Sie haben den idealen Ehemann geheiratet. Ich wünschte, ich könnte dasselbe von mir behaupten. Aber seitdem Sir John damit angefangen hat, regelmäßig an den Debatten im Unterhaus teilzunehmen, was er in der guten alten Zeit niemals getan hat, ist seine Ausdrucksweise einfach unmöglich geworden. Er scheint immer zu glauben, er richte nun das Wort ans Parlament, und immer, wenn er über die Lage der Landarbeiter oder die Kirche in Wales diskutiert oder über etwas ähnlich Unschickliches, sehe ich mich gezwungen, sämtliche Dienstboten aus dem Zimmer zu schicken. Es ist kein erfreulicher Anblick, wenn der eigene Butler, den man seit dreiundzwanzig

Jahren im Hause hat, tatsächlich an der Anrichte errötet und die Diener in den Ecken Verrenkungen machen wie die Leute im Zirkus. Ich sage Ihnen, mein Leben wird noch ganz und gar ruiniert, wenn man Sir John nicht umgehend ins Oberhaus schickt. Zumindest wird er sich dann nicht mehr für Politik interessieren, oder? Das Oberhaus ist ja so vernünftig. Eine Gesellschaft von Gentlemen. In seinem augenblicklichen Zustand jedoch ist Sir John wirklich eine große Prüfung. Stellen Sie sich vor, erst heute Morgen, ehe das Frühstück noch halb vorbei war, stellte er sich auf den Kaminteppich, steckte die Hände in die Taschen und wandte sich aus vollem Halse an seine lieben Mitbürgerinnen und Mitbürger. Ich verließ den Tisch, sobald ich meine zweite Tasse Tee getrunken hatte, das brauche ich wohl kaum zu sagen. Aber seine unmögliche Sprache war im ganzen Haus zu hören. Ich will doch hoffen, Gertrude, dass Robert nicht so ist.

LADY CHILTERN: Aber ich interessiere mich sehr für Politik, Lady Markby. Ich höre es so gern, wenn Robert darüber spricht.

LADY MARKBY: Nun… ich hoffe, er vergräbt sich

nicht so in den Blaubüchern, wie Sir John. Ich glaube nicht, dass das eine erhebende Lektüre für jemanden sein kann.

MRS CHEVELEY *lässig*: Ich habe nie ein Blaubuch gelesen. Ich lese lieber Bücher... in gelbem Einband.

LADY MARKBY *munter und vollkommen ahnungslos*: Ach, gelb ist doch eine fröhlichere Farbe! In meiner Jugend habe ich viel gelb getragen und würde es immer noch tun, wenn Sir John mit seinen Bemerkungen nicht immer so schrecklich persönlich würde. Und in Kleidungsfragen sind Männer stets lächerlich, nicht wahr?

MRS CHEVELEY: Oh, nein! Ich glaube, in puncto Kleidung sind Männer die einzige Autorität.

LADY MARKBY: Tatsächlich? Nach den Hüten, die sie tragen, würde man das nicht meinen. Stimmt's?

MASON, der Buttler, tritt auf, gefolgt von weitern Dienern. Auf einem kleinen Tisch neben LADY CHILTERN wird zum Tee gedeckt.

LADY CHILTERN: Darf ich Ihnen Tee einschenken, Mrs Cheveley?

MRS CHEVELEY: Gerne, vielen Dank.

Der Butler reicht MRS CHEVELEY eine Tasse Tee auf einem Tablett.

LADY CHILTERN: Etwas Tee, Lady Markby?

LADY MARKBY: Nein Danke, meine Liebe. *Die Diener gehen hinaus.* Die Sache ist die, dass ich versprochen habe, für zehn Minuten bei Lady Brancaster vorbeizuschauen. Die Ärmste ist nämlich in großer Sorge. Ihre Tochter, ein durchaus wohlerzogenes Mädchen, hat sich doch tatsächlich mit einem Hilfsgeistlichen in Shropshire verlobt. Es ist sehr traurig, wirklich sehr traurig. Ich kann diese fast schon krankhafte, übersteigerte Begeisterung für Hilfsgeistliche heutzutage einfach nicht verstehen. Zu meiner Zeit haben wir Mädchen sie natürlich im Ort herumlaufen sehen wie die Kaninchen, aber wir haben ihnen niemals irgendwelche Beachtung geschenkt, das brauche ich wohl kaum zu sagen. Aber heutzutage sollen sie ja die Gesellschaft auf dem Land nur so untergraben. Dass das zu einer tieferen Frömmigkeit beiträgt, möchte ich doch sehr bezweifeln. Und dann hat auch noch der älteste Sohn mit seinem Vater Streit gehabt, und es heißt, wenn sie einander im Club begegnen, versteckt sich Lord Brancaster immer hinter dem Wirtschaftsteil der Times. Ich glaube jedoch, das ist heutzutage eine ganz normale Erscheinung und in allen Clubs müssen sie jetzt Extraexemplare der Times auslegen. Es gibt so viele Söhne, die mit ihren Vätern nichts zu tun haben wollen, und so viele Väter, die nicht mit ihren Söhnen sprechen wollen. Ich persönlich finde ja, dass das sehr zu bedauern ist.

MRS CHEVELEY: Das finde ich auch. Es gibt so viel, was Väter heutzutage von ihren Söhnen noch lernen können.

LADY MARKBY: So, meine Liebe? Was denn?

MRS CHEVELEY: Die Lebenskunst. Das ist die einzig wirklich schöne Kunst, die wir in unserer Zeit hervorgebracht haben.

LADY MARKBY *schüttelt den Kopf*: Oh, darin war Lord Brancaster leider nur allzu gut – was man von seiner armen Frau allerdings nicht behaupten kann. *Wendet sich an LADY CHILTERN.* Sie kennen doch Lady Brancaster, meine Liebe?

LADY CHILTERN: Nur flüchtig. Sie hielt sich letzten Herbst in Langton auf, als wir dort waren.

LADY MARKBY: Nun ja, wie alle eher fülligen Frauen scheint sie nur so vor Fröhlichkeit und Zufriedenheit zu strotzen, wie Sie zweifellos bemerkt haben werden. Aber es gibt viele Tragödien in ihrer Familie, von der Geschichte mit dem Hilfsgeistlichen einmal abgesehen. Ihre einzige Schwester, Mrs Jekyll, hatte ein äußerst unglückliches Leben – nicht durch eigene Schuld, muss ich leider sagen. Am Schluss war sie so verzweifelt, dass sie ins Kloster ging oder zur Opernbühne, ich weiß nicht mehr, was es war. Ach nein, ich glaube, sie verlegte sich auf die dekorative Stickkunst. Ich weiß jedenfalls, dass sie jedes Gefühl für Lebensfreude verloren hatte. *Steht auf.* Und nun, Gertrude, wenn Sie gestatten, werde ich Mrs Cheveley in Ihrer Obhut lassen und sie in einer Viertelstunde wieder abholen. Oder vielleicht würde es Ihnen nichts ausmachen, liebe Mrs Cheveley, im Wagen zu warten, während ich bei Lady Brancaster bin? Da ich ihr nur mein

Mitgefühl ausdrücken möchte, werde ich nicht lange bleiben.

MRS CHEVELEY *steht auf:* Es macht mir überhaupt nichts aus, im Wagen zu warten, vorausgesetzt, es ist jemand da, der nach mir schaut.

LADY MARKBY: Nun, der Hilfsgeistliche soll immer um das Haus herumstreifen.

MRS CHEVELEY: Tut mir leid, aber auf Männer, die sich an junge Dinger halten, lege ich keinen übermäßigen Wert.

LADY CHILTERN *steht auf:* Oh, ich hoffe, Mrs Cheveley bleibt noch ein wenig. Ich würde mich gern ein paar Minuten mit ihr unterhalten.

MRS CHEVELEY: Das ist sehr freundlich von Ihnen, Lady Chiltern. Nichts würde mir größeres Vergnügen machen, das können Sie mir glauben.

LADY MARKBY: Ah, zweifellos haben Sie beide viele angenehme Erinnerungen an Ihre Schulzeit auszutauschen. Auf Wiedersehen, liebe Gertrude! Werde ich Sie heute Abend bei Lady Bonar sehen?

Sie hat ein wundervolles neues Genie entdeckt. All seine Schaffenskraft steckt er in den vollkommenen…Müßiggang. Das ist doch ein großer Trost, oder?

LADY CHILTERN: Robert und ich, wir speisen heute Abend zu Hause, allein, und ich glaube nicht, dass ich später noch irgendwo hingehen werde. Robert muss natürlich ins Parlament, aber da liegen derzeit keine interessanten Themen an.

LADY MARKBY: Zu Hause essen und dann noch allein? Ist das besonders klug? Ach, ich vergaß, Ihr Mann ist ja eine Ausnahme. Meiner ist die allgemeine Regel und nichts lässt eine Frau schneller altern als eine Ehe mit der allgemeinen Regel.

LADY MARKBY geht ab.

MRS CHEVELEY: Eine erstaunliche Frau, diese Lady Markby, nicht wahr? Sie redet mehr und sagt weniger als irgendein Mensch, den ich je zuvor getroffen habe. Sie ist der geborene öffentliche Redner. Viel mehr als ihr Mann, obwohl er ein typischer Engländer ist, immer langweilig und für gewöhnlich roh.

LADY CHILTERN gibt keine Antwort, sondern bleibt stehen. Pause. Dann treffen sich die Blicke der beiden Frauen. LADY CHILTERN ist ernst und bleich. MRS CHEVELEY scheint eher belustigt zu sein.

LADY CHILTERN: Mrs Cheveley, ich halte es für richtig, Ihnen zu sagen, dass ich Sie gestern Abend nicht in mein Haus eingeladen hätte, wenn ich gewusst hätte, wer Sie wirklich sind.

MRS CHEVELEY *mit einem impertinenten Lächeln*: Tatsächlich?

LADY CHILTERN: Ich hätte es nicht tun können.

MRS CHEVELEY: Wie ich sehe, hast du dich in all den Jahren überhaupt nicht geändert.

LADY CHILTERN: Ich ändere mich nie.

MRS CHEVELEY *zieht die Brauen hoch*: Dann hat dich das Leben wohl gar nichts gelehrt?

LADY CHILTERN: Es hat mich gelehrt, dass ein Mensch, der sich einmal einer ehrlosen und betrügerischen Handlung schuldig gemacht hat, sich wieder eines derartigen Vergehens schuldig machen kann und deshalb sollte man ihn meiden.

MRS CHEVELEY: Würdest du diese Regel auf jeden anwenden?

LADY CHILTERN: Ja, auf jedermann, ohne Ausnahme.

MRS CHEVELEY: Dann tust du mir aber wirklich leid, Gertrude.

LADY CHILTERN: Ich bin überzeugt, Sie sehen jetzt ein, dass während Ihres Aufenthaltes in London jeder weitere Kontakt zwischen uns aus vielerlei Gründen ganz und gar unmöglich ist.

MRS CHEVELEY *lehnt sich in ihrem Sessel zurück*: Weißt du, Gertrude, deine Moralpredigten jucken mich überhaupt nicht. Moral ist doch bloß die Haltung, die wir den Leuten gegenüber einnehmen, die wir persönlich einfach nicht ausstehen können. Du magst mich nicht besonders, dessen bin ich mir völlig bewusst. Und ich habe dich stets verabscheut. Und doch bin ich hergekommen, um dir einen Dienst zu erweisen.

LADY CHILTERN *verächtlich*: Vermutlich so wie den Dienst, den Sie gestern Abend meinem Mann erweisen wollten. Gott sei Dank habe ich ihn davor bewahrt.

MRS CHEVELEY *springt auf*: Also du hast ihn veranlasst, mir diesen unverschämten Brief zu schreiben? Du hast ihn dazu gebracht, seine Zusage zu brechen?

LADY CHILTERN: Ja.

MRS CHEVELEY: Dann musst du auch dafür sorgen, dass er sich daran hält. Ich gebe dir Zeit bis morgen Vormittag – und keine Sekunde länger. Wenn sich dein Mann bis dahin nicht feierlich verpflichtet, mich bei meinem großen Projekt zu unterstützen…

LADY CHILTERN: Dieser betrügerischen Spekulation –

MRS CHEVELEY: Nennen Sie es, wie Sie wollen. Ich habe Ihren Mann in der Hand, und wenn Sie klug sind, dann sorgen Sie dafür, dass er tut, was ich von ihm verlange.

LADY CHILTERN *geht auf sie zu*: Du bist unverschämt. Was hat mein Mann mit dir zu schaffen? Mit einer Frau wie dir?

MRS CHEVELEY *mit bitterem Lachen*: Gleich und Gleich gesellt sich gern, das ist nun mal so im Leben. Weil dein Mann selbst betrügerisch und ehrlos ist, passen wir beide so gut zusammen. Zwischen dir und ihm liegen Welten. Er und ich, wir sind einander näher, als Freunde es jemals sein können. Wir sind Feinde, die aneinander gefesselt sind. Uns verbindet dieselbe Sünde.

LADY CHILTERN: Wie kannst du es wagen, meinen Mann mit dir in einen Topf zu werfen? Wie kannst du es wagen, meinem Mann oder mir zu drohen? Raus aus meinem Haus. Du gehörst nicht hierher.

SIR ROBERT CHILTERN kommt von hinten. Er hört die letzten Worte seiner Frau und sieht, an wen sie gerichtet sind. Er wird totenbleich.

MRS CHEVELEY: Dein Haus! Ein Haus, gekauft um den Preis der Ehrlosigkeit. Ein Haus, in dem alles und jedes durch Betrug bezahlt wird. *Dreht sich um und erblickt SIR ROBERT CHILTERN.* Fragen Sie ihn doch mal, was der Ursprung seines Vermögens ist. Lassen Sie sich von ihm erzählen, wie er ein Regierungsgeheimnis an einen Börsenmakler verkauft hat. Erfahren Sie von ihm, welchem Umstand Sie Ihre Position verdanken.

LADY CHILTERN: Das ist nicht wahr! Robert! Das ist nicht wahr!

MRS CHEVELEY *zeigt mit ausgestrecktem Finger auf ihn*: Schauen Sie ihn sich nur einmal an! Kann er es leugnen? Wagt er es?

ROBERT CHILTERN: Gehen Sie! Und zwar sofort. Sie haben jetzt ihr Schlimmstes getan.

MRS CHEVELEY: Mein Schlimmstes? Mit Ihnen beiden bin ich noch lange nicht fertig. Ich gebe Ihnen und Ihrer Frau Zeit bis morgen Mittag. Wenn Sie beide bis dahin nicht tun, was ich von Ihnen verlange, wird die ganze Welt erfahren, wie Robert Chiltern Karriere gemacht hat.

SIR ROBERT CHILTERN läutet. MASON tritt auf.

SIR ROBERT CHILTERN: Begleiten Sie Mrs Cheveley hinaus.

MRS CHEVELEY zuckt zusammen, verneigt sich dann mit etwas übertriebener Höflichkeit vor LADY CHILTERN, die den Gruß nicht erwidert. Als sie an SIR ROBERT CHILTERN vorbeigeht, der dicht an der Tür steht, hält sie einen Augenblick inne und sieht ihm geradewegs ins Gesicht. Dann geht sie hinaus, gefolgt von dem Diener, der die Tür hinter sich schließt. Das Ehepaar bleibt allein zurück. LADY CHILTERN steht da, wie jemand in einem schrecklichen Traum. Dann dreht sie sich um und blickt ihren Mann an. Sie blickt ihn mit sonderbaren Augen an, als sähe sie ihn zum ersten Mal.

LADY CHILTERN: Du hast ein Regierungsgeheimnis verkauft? Du hast dein Leben mit einem Betrug begonnen? Deine ganze Karriere hast du auf Falschheit und Ehrlosigkeit aufgebaut! Oh sag mir, dass das nicht wahr ist! Belüge mich! Belüge mich! Sag mir, dass das nicht wahr ist.

SIR ROBERT CHILTERN: Was diese Frau gesagt hat, stimmt voll und ganz. Aber hör mich an,

Gertrude. Du bist dir nicht klar darüber, wie groß die Versuchung war. Lass mich dir die ganze Sache erzählen. *Geht zu ihr.*

LADY CHILTERN: Komm mir nicht zu nahe! Rühr mich nicht an. Mir ist, als hättest du mich für immer besudelt. Was hast du in all diesen Jahren nur für eine Maske getragen! Die ganze hübsche Fassade war nur… eine abscheuliche Maske. Du hast dich verkauft, verkauft um des schnöden Geldes willen. Ein gemeiner Dieb wäre immer noch besser als das. Du hast dich feilgeboten, für schmutziges Geld an den Meistbietenden weggeworfen. Die ganze Welt hast du belogen. Aber mich wirst du nicht mehr belügen.

SIR ROBERT CHILTERN *stürzt auf sie zu*: Gertrude! Gertrude!

LADY CHILTERN *stößt ihn mit ausgestreckten Händen zurück*: Nein, sprich nicht! Sag nichts! Deine Stimme weckt furchtbare Erinnerungen… wie du meine Liebe entfacht hast… alle unsere Gespräche, alle unsere Erlebnisse…alle diese Erinnerungen sind mir jetzt entsetzlich. Wie habe ich dich verehrt! In meinen Augen schwebtest du über den Niederungen des Alltags; du warst für mich etwas Reines und Unschuldiges, etwas Edles: ein ehrliches, aufrichtiges Wesen, ohne Fehl und Tadel. Die Welt schien mir eine bessere zu sein, weil du darin lebtest, und Güte, Moral schienen mehr als bloße Worte, weil es dich gab. Und jetzt... uh, wenn ich daran denke, dass ich einen Mann wie dich zu meinem Ideal gemacht habe! Zum Ideal meines Lebens.

SIR ROBERT CHILTERN: Genau das war dein Fehler. Genau das war dein Irrtum. Der Irrtum, den alle Frauen begehen. Warum könnt ihr Frauen uns nicht einfach so lieben wie wir sind, mit all unseren Fehlern? Warum stellt ihr uns auch auf den Marmorsockel wie ein monströses Denkmal? Wir haben doch alle nur Füße aus Ton, Männer wie Frauen. Aber wenn wir Männer euch Frauen lieben, lieben wir euch im Wissen um eure Schwäche, eure Torheiten, eure Unvollkommenheiten, lieben euch vielleicht deshalb nur umso mehr. Nicht die Vollkommenen, sondern die Unvollkommenen brauchen Liebe. Wenn wir verletzt worden sind – egal ob durch die eigene Hand oder durch die Hände anderer – dann sollte Liebe uns heilen – was hätte Liebe sonst für einen Sinn? Die Liebe sollte alle Sünden vergeben, alle außer der Einen, die gegen sie selbst gerichtet ist. Wahre Liebe sollte jedes Leben verzeihen, außer dem Leben der Lieblosigkeit. So ist die Liebe eines Mannes: Tiefer, größer, menschlicher als die Liebe einer Frau. Die Frauen glauben, sie machen aus Männern Ideale. Aber was sie aus uns machen sind nur falsche Götzenbilder. Du hast mich zu deinem falschen Götzen gemacht und ich besaß nicht den Mut, von meinem Sockel zu steigen, dir meine Wunden zu zeigen und dir von meinen Schwächen zu erzählen. Ich hatte Angst, deine Liebe zu verlieren, so wie ich sie jetzt verloren habe. Und so hast du gestern Nacht mein Leben ruiniert, jawohl, es ruiniert. Was diese Frau von mir verlangte, war nichts im Vergleich zu dem, was sie mir bot. Sie bot mir Sicherheit, Ruhe, die Chance, mich zu halten. Die große Sünde meiner Jugend, die ich schon längst begraben glaubte, erhob sich jäh vor mir, grässlich, abscheulich, die Hände an meiner Kehle. Ich hätte sie ein für allemal töten können, sie in ihr Grab zurückstoßen und jede Erinnerung an sie für immer aus der Welt schaffen können. Ich hätte den einzigen schriftlichen Beweis gegen mich verbrennen können und du hast mich daran gehindert! Du allein und das weißt du! Und was wird mir jetzt anderes übrig bleiben als der unvermeidliche Sturm der öffentlichen Empörung und Medienpranger, der Sturz ins Nichts, ätzende Kommentare von aller Welt, Hohn und Spott, ein einsames und entehrtes Leben und dann, eines Tages vielleicht, ein einsamer und entehrter Tod? Ach, wenn ihr Frauen doch endlich nur aufhören wolltet, aus Männern Ideale zu machen! Wenn ihr nur aufhören wolltet, uns auf den Altar zu erheben und niederzuknien vor dem Bild, das ihr euch von uns gemacht habt! Hört auf damit oder ihr werdet das Leben eurer Männer noch völlig ruinieren – so wie du, die ich so glühend geliebt habe – mein Leben ruiniert hast.

Er geht aus dem Zimmer. LADY CHILTERN eilt zu ihm, aber als sie die Tür erreicht, hat sich diese bereits geschlossen. Blass, mit schmerzverzerrtem Gesicht, verwirrt und hilflos schwankt sie wie eine Pflanze im Wasser. Ihre ausgestreckten Hände scheinen in der Luft zu zittern wie Blumen im Wind. Dann wirft sie sich neben einem Sofa zu Boden und vergräbt ihr Gesicht. Ihr Schluchzen ist wie das Schluchzen eines Kindes.

3. Akt

Bibliothek in LORD GORINGs Haus.

Möbel von Robert Adams verleihen dem Raum eine besondere Note. Die Tür rechts führt in die Eingangshalle, auf der linken Seite befindet sich die Tür zum Rauchzimmer. Im Hintergrund öffnet sich eine Flügeltür zum Salon. Im Kamin brennt ein Feuer.
PHIPPS, der Butler, ordnet Zeitungen auf dem Schreibtisch. Nichts kann PHIPPS aus der Fassung bringen und das zeichnet ihn aus. Seine Bewunderer bezeichnen ihn als den idealen Butler. Gegen ihn ist sogar die Sphinx noch gesprächig. Er ist eine Maske mit Manieren. Von seinen Gedanken oder seinem Gefühlsleben ist nichts bekannt. Er verkörpert die Dominanz der Form.

LORD GORING tritt auf, im Abendanzug und mit Blume im Knopfloch. Er trägt Zylinder und Inverness-Mantel, weiße Handschuhe und einen Louis-Seize-Stock. Er hat einfach alles, was momentan angesagt, stylish und exquisit ist. Man sieht ihm geradezu an, dass er ganz vorne dran an den neuesten Trends ist; tatsächlich ist er so nah

*am Trend, dass **er** ihn setzt und damit beherrscht.*
Er ist der erste gutgekleidete Philosoph in der
Geschichte des menschlichen Geistes.

LORD GORING: Haben Sie meine zweite Blume
fürs Knopfloch, Phipps?

PHIPPS: Jawohl, Mylord.

Nimmt ihm Hut, Stock und Mantel ab und reicht
ihm auf einem Tablett die neue Blume fürs
Knopfloch.

LORD GORING *entfernt die alte Knopflochblume*:
Es ist schon bemerkenswert, Phipps: Derzeit bin
ich der einzige auch nur einigermaßen
bedeutende Mann in London, der eine Blume im
Knopfloch trägt.

PHIPPS: Sehr wohl, Mylord. Das habe ich
bemerkt.

LORD GORING: Sehen Sie, Phipps: Mode ist, was
man selbst trägt. Out ist das, was die Anderen
tragen.

PHIPPS: Sehr wohl, Mylord.

LORD GORING: Genauso wie primitives Gehabe einfach nur das Benehmen anderer Leute ist.

PHIPPS: Sehr wohl, Mylord.

LORD GORING *steckt die neue Blume ins Knopfloch*: Und Falschheit einfach nur die Ehrlichkeit der Anderen.

PHIPPS: Sehr wohl, Mylord.

LORD GORING: Andere Leute sind einfach schrecklich. Die einzig mögliche Gesellschaft hat man nur an sich selbst.

PHIPPS: Sehr wohl, Mylord.

LORD GORING: Sich selbst zu lieben, Phipps, ist der Beginn einer lebenslangen Romanze.

PHIPPS: Sehr wohl, Mylord.

LORD GORING *betrachtet sich im Spiegel*: Ich glaube nicht, dass ich diese Blume so recht mag, Phipps. Ich sehe ein wenig zu alt damit aus – fast schon wie in der Blüte meiner Jahre.

PHIPPS: Ich bemerke an Eurer Lordschaft Äußerem keine Veränderung.

LORD GORING: So?

PHIPPS: Nein, Mylord.

LORD GORING: Da bin ich mir aber nicht so sicher. In Zukunft Donnerstagabends eine etwas trivialere Blume fürs Knopfloch, Phipps.

PHIPPS: Ich werde mit der Blumenhändlerin sprechen, Mylord. Sie hatte erst kürzlich einen Verlust in der Familie, was möglicherweise den Mangel an Trivialität erklärt, über den Euer Lordschaft sich beklagen, was Eurer Lordschaft Blume fürs Knopfloch betrifft.

LORD GORING: Merkwürdige Sache das mit der Unterschicht, hier in England - andauernd verlieren die Leute ihre Verwandten.

PHIPPS: Jawohl, Mylord. In der Hinsicht haben sie außerordentliches Glück.

LORD GORING *dreht sich um und sieht ihn an.*

PHIPPS bleibt ungerührt: Hm. Briefe, Phipps?

PHIPPS: Drei, Mylord. *Reicht ihm die Briefe auf einem Tablett.*

LORD GORING *nimmt die Briefe*: Meinen Wagen in zwanzig Minuten.

PHIPPS: Sehr wohl, Mylord. *Geht zur Tür.*

LORD GORING *hält einen Brief in rosa Umschlag hoch*: Moooment! Phipps, wann kam dieser Brief?

PHIPPS: Er wurde durch einen Boten abgegeben, als Euer Lordschaft gerade auf dem Weg zum Club waren.

LORD GORING: Danke, Phipps. *PHIPPS geht ab.* Lady Chilterns Handschrift auf Lady Chilterns rosa Briefpapier. Das ist aber seltsam. Ich hatte eigentlich gedacht, dass Robert schreiben müsste. Ich möchte doch wissen, was Lady Chiltern mir zu sagen hat. *Setzt sich an seinen Schreibtisch und liest.* „Ich brauche Dich. Ich vertraue Dir. Ich komme zu Dir. Gertrude." *Legt den Brief mit verwirrtem Ausdruck auf den Tisch. Dann nimmt er ihn wieder und liest ihn langsam noch einmal.*

„Ich brauche Dich. Ich vertraue Dir. Ich komme zu Dir. ". Also hat sie alles herausgefunden. Arme, arme Frau. *Zieht seine Taschenuhr hervor und blickt darauf.* Aber was für eine Zeit für einen Besuch! Zehn Uhr! Ich werde darauf verzichten müssen, zu den Berkshires zu gehen. Aber es ist doch immer schön, erwartet zu werden und nicht zu kommen. Im Bachelors' Club werde ich nicht erwartet, also werde ich sicher dorthin gehen. Tja... Ich werde dafür sorgen, dass sie zu ihrem Mann hält. Das ist das Einzige, was sie jetzt tun sollte. Das ist das Einzige, was jede Frau tun **muss**: Zu ihrem Mann halten. Dieser zunehmende Korrektheitsfimmel bei Frauen... ich meine natürlich dieses wachsende Gefühl für Moral macht die Ehe zu einer so hoffnungslosen, einseitigen Einrichtung. Zehn Uhr. Sie sollte bald hier sein. Ich muss Phipps sagen, dass ich für niemand anderen zu Hause bin. *Geht zur Klingel.*

PHIPPS tritt auf.

PHIPPS: Lord Caversham.

LORD GORING: Ach, warum müssen Eltern nur immer zur falschen Zeit auftauchen! Vermutlich ein merkwürdiges Versehen der Natur. *LORD*

CAVERSHAM tritt auf. Mein lieber Vater, welch eine Freude, dich zu sehen. *Geht ihm entgegen.*

LORD CAVERSHAM: Nimm mir den Mantel ab.

LORD GORING: Lohnt sich das denn, Vater?

LORD CAVERSHAM: Natürlich lohnt sich das, junger Mann. Welches ist der bequemste Sessel?

LORD GORING: Dieser hier, Vater. Es ist der Sessel, den ich selbst benutze, wenn ich Besuch habe.

LORD CAVERSHAM: Danke. Hier zieht's doch hoffentlich nicht?

LORD GORING: Nein, Vater.

LORD CAVERSHAM: Freut mich zu hören. Ich kann Zugluft nicht ausstehen. Ich vertrage nämlich keine Zugluft. So etwas gibt es bei mir zu Hause nicht.

LORD GORING: Nein – nur ziemlich viel Wind, Vater.

LORD CAVERSHAM: Was? Wie bitte? Ich verstehe nicht, was du meinst. Junger Mann, ich möchte ein ernstes Gespräch mit dir führen.

LORD GORING: Mein lieber Vater! Um diese Zeit?

LORD CAVERSHAM: Wieso? Es ist doch erst zehn Uhr. Was hast du gegen die Zeit? Ich glaube, jetzt ist ein hervorragender Zeitpunkt.

LORD GORING: Nun, die Sache ist die, Vater, heute ist nicht mein Tag für ernste Gespräche. Es tut mir sehr leid, aber es ist nicht mein Tag.

LORD CAVERSHAM: Was soll das heißen, junger Mann?

LORD GORING: In der Saison, Vater, führe ich ernste Gespräche nur am ersten Dienstag des Monats und zwar von vier bis sieben.

LORD CAVERSHAM: Na schön, dann lass es also Dienstag sein; lass es Dienstag sein, junger Mann.

LORD GORING: Aber es ist nach sieben, Vater, und mein Arzt sagt, ich darf nach sieben keine ernsten Gespräche führen. Ich rede sonst im Schlaf.

LORD CAVERSHAM: Im Schlaf reden? Was macht das schon aus? Du bist nicht verheiratet.

LORD GORING: Nein, Vater, ich bin nicht verheiratet.

LORD CAVERSHAM: Hm. Deswegen bin ich ja gerade gekommen, um mit dir darüber zu reden. Du musst heiraten, und zwar sofort. Als ich in deinem Alter war, war ich seit drei Monaten untröstlicher Witwer und warb bereits um deine großartige Mutter. Verdammt, Mann, es ist deine Pflicht zu heiraten. Du kannst doch nicht immer nur zu deinem Vergnügen leben. Jeder Mann von Rang und Namen ist heutzutage verheiratet. Junggesellen sind jetzt völlig out. Sie sind in jeder Beziehung verdorben. Zu viel ist über sie bekannt. Du musst eine Frau haben, junger Mann. Sieh dir an, wozu dein Freund Robert Chiltern es durch Rechtschaffenheit, harte Arbeit und eine vernünftige Ehe mit einer tüchtigen Frau gebracht hat. Warum machst du's ihm nicht nach? Warum nimmst du ihn dir nicht zum Vorbild?

LORD GORING: Ich glaube, das werd' ich, Vater.

LORD CAVERSHAM: Ich wünschte, du würdest es tun. Dann wäre ich glücklich. Jetzt mach ich deinetwegen deiner Mutter das Leben schwer. Du bist herzlos, junger Mann, einfach herzlos.

LORD GORING: Ich hoffe doch nicht, Vater.

LORD CAVERSHAM: Und es ist höchste Zeit, dass du heiratest. Immerhin bist du schon vierunddreißig, junger Mann.

LORD GORING: Ja, Vater. Aber ich gebe nur zweiunddreißig zu – einunddreißigeinhalb, wenn ich eine wirklich passende Blume im Knopfloch trage. Diese hier ist nicht... trivial genug.

LORD CAVERSHAM: Ich sage dir, du bist vierunddreißig, und außerdem zieht es hier, was dein Verhalten noch ärger macht. Warum hast du mir erzählt, hier sei keine Zugluft? Und ob es hier zieht, junger Mann, ich spüre es, ich spüre es eindeutig.

LORD GORING: Ich auch, Vater. Es zieht ja entsetzlich. Ich werde dich morgen besuchen,

Vater. Dann können wir alles besprechen, was du willst. Du erlaubst, dass ich dir in den Mantel helfe, Vater?

LORD CAVERSHAM: Oh, nein. Ich bin heute Abend aus einem ganz bestimmten Grund gekommen und ich werde das hier jetzt durchziehen – und wenn ich mir dabei meine Gesundheit ruiniere – oder deine. Leg meinen Mantel weg.

LORD GORING: Gewiss, Vater. Aber lass uns doch in ein anderes Zimmer gehen. *Läutet.* Hier zieht es fürchterlich. *Phipps tritt auf.* Phipps, ist das Rauchzimmer ordentlich geheizt?

PHIPPS: Ja, Mylord.

LORD GORING: Komm dorthin, Vater. Dein Niesen ist ja herzzerreißend.

LORD CAVERSHAM: Ich nehme an, ich habe doch wohl ein Recht, zu niesen, wenn es mir beliebt.

LORD GORING *entschuldigend*: Durchaus, Vater. Ich wollte nur mein Mitgefühl zum Ausdruck bringen.

LORD CAVERSHAM: Ach, zum Teufel damit! Von diesem Mitgefühls-Wischiwaschi gibt's heutzutage viel zu viel.

LORD GORING: Ganz deiner Meinung, Vater. Gäbe es weniger Mitgefühl auf der Welt, dann gäbe es auf der Welt auch weniger Kummer.

LORD CAVERSHAM *geht zum Rauchzimmer*: Das ist ein Paradox, junger Mann. Ich hasse Paradoxe.

LORD GORING: Ich auch, Vater. Jeder, den man heutzutage trifft, ist ein Paradox. Das ist entsetzlich fad. Es macht die Gesellschaft so leicht zu durchschauen.

LORD CAVERSHAM *dreht sich um und blickt unter seinen buschigen Augenbrauen hervor seinen Sohn an*: Verstehst du eigentlich immer was du sagst?

LORD GORING *nach kurzem Zögern*: Ja, Vater, wenn ich aufmerksam zuhöre.

LORD CAVERSHAM *entrüstet:* Wenn du aufmerksam zuhörst!... Eingebildeter Grünschnabel! *Verschwindet brummelnd im Rauchzimmer.*

PHIPPS tritt auf.

LORD GORING: Phipps, heute Abend wird mich noch eine Dame aufsuchen, die mich in einer besonderen Angelegenheit zu sprechen wünscht. Führen Sie sie in den Salon, wenn sie da ist.

PHIPPS: Sehr wohl, Mylord.

LORD GORING: Die Sache ist von höchster Bedeutung.

PHIPPS: Ich verstehe, Mylord.

LORD GORING: Niemand anders darf eingelassen werden, unter keinen Umständen.

PHIPPS: Ich verstehe, Mylord.

Es läutet.

LORD GORING: Ah! Das wird wahrscheinlich die

Dame sein, ich werde sie selbst empfangen.

Gerade als er zur Tür geht, kommt LORD CAVERSHAM aus dem Rauchzimmer.

LORD CAVERSHAM: Na, junger Mann, wie lange muss ich hier noch ausharren, bis du mich mit deiner Anwesenheit beehrst?

LORD GORING *erheblich verwirrt:* Nur einen Augenblick, Vater. Entschuldige bitte. *LORD CAVERSHAM geht zurück.* Phipps, denken Sie an meine Anweisungen - in das Zimmer dort drüben.

PHIPPS: Sehr wohl, Mylord.

LORD GORING geht ins Rauchzimmer. Der Diener HAROLD führt MRS CHEVELEY herein. Wie eine Lamia ist sie in Grün und Silber gekleidet. Sie trägt einen Mantel aus schwarzem Satin, der mit stumpfer Rosenblattseide gefüttert ist.

HAROLD: Ihren Namen bitte, gnä' Frau?

MRS CHEVELEY *zu PHIPPS, der auf sie zukommt:* Ist Lord Goring nicht da? Mir wurde gesagt, er sei zu Hause.

PHIPPS: Seine Lordschaft ist derzeit mit Lord Caversham beschäftigt, Madame. *Wirft einen kalten starren Blick auf HAROLD, der sich sofort zurückzieht.*

MRS CHEVELEY *für sich*: Was für ein ergebener Sohn!

PHIPPS: Seine Lordschaft trug mir auf, Sie zu bitten, Madame, Sie möchten so freundlich sein und im Salon auf ihn warten.

MRS CHEVELEY *mit einem Ausdruck der Überraschung*: Lord Goring erwartet mich?

PHIPPS: Ja, Madame.

MRS CHEVELEY: Sind Sie ganz sicher?

PHIPPS: Seine Lordschaft trug mir auf, wenn eine Dame käme, solle ich sie bitten, im Salon zu warten. *Geht zur Tür des Salons und öffnet sie.* Seiner Lordschaft Anweisungen diesbezüglich waren äußerst präzise.

MRS CHEVELEY *für sich*: Wie aufmerksam von ihm. Das Unerwartete zu erwarten, beweist einen durch und durch modernen Geist. *Geht zur Tür des Salons und schaut herein.* Puh! Wie trostlos der Salon eines Junggesellen stets aussieht! Das alles werd' ich ändern müssen. *Phipps bringt die Lampe vom Schreibtisch.* Nein, diese Lampe möchte ich nicht. Sie ist viel zu hell. Zünden Sie ein paar Kerzen an.

PHPPS *stellt die Lampe zurück an ihren Platz*: Gewiss, Madame.

MRS CHEVELEY: Die Kerzenschirme sind doch hoffentlich geschmackvoll?

PHIPPS: Wir hatten diesbezüglich bis jetzt noch keine Beschwerden, Madame.

Geht in den Salon und beginnt die Kerzen anzuzünden.

MRS CHEVELEY *für sich*: Auf welche Frau er wohl heute Nacht wartet? Das wird herrlich, ihn zu ertappen! Die Männer machen immer so ein dummes Gesicht, wenn sie ertappt werden. Und sie werden immer ertappt. *Sieht sich im Zimmer um und nähert sich dem Schreibtisch.* Welch hochinteressantes Zimmer! Welch hochinteressantes Gemälde! Ich möchte doch wissen, wie seine Korrespondenz so ist. *Nimmt Briefe in die Hand.* Oh, was für laaangweilige Briefe! Rechnungen, Einladungen, Schulden und Witwen. Wer um alles in der Welt schreibt ihm auf rosa Briefpapier? Das ist doch albern! Es sieht aus wie der Anfang einer ganz gewöhnlichen Romanze, einer Mittelschichtsromanze. Eine Romanze sollte nie mit Gefühl beginnen. Am Beginn einer jeden Romanze sollte exakte strategische Planung stehen und am Schluss eine saftige Abfindung. *Legt den Brief beiseite; dann aber nimmt sie ihn wieder in die Hand.* Die Handschrift kenn' ich doch. Das ist ja Gertrud Chilterns. Ich erinnere mich nur allzu gut. Die zehn Gebote in jedem Federstrich und der moralische Imperativ beherrscht die ganze Seite. Was Gertrude ihm wohl schreiben mag? Vermutlich etwas Abscheuliches über mich. Oh, wie ich diese Frau hasse! *Liest den Brief.* „Ich brauche Dich. Ich vertraue Dir. Ich komme zu Dir. Gertrude". „Ich brauche Dich. Ich vertraue Dir. Ich komme zu Dir.".

Ein triumphierender Ausdruck breitet sich über

ihr Gesicht. Sie ist im Begriff, den Brief zu stehlen, als PHIPPS erscheint.

PHIPPS: Die Kerzen im Salon sind, wie Sie wünschten, angezündet, Madame.

MRS CHEVELEY: Danke. *Steht hastig auf und schiebt den Brief unter eine große Schreibmappe mit silbernem Deckel, die auf dem Tisch liegt.*

PHIPPS: Ich hoffe, die Kerzenschirme sind nach Ihrem Geschmack, Madame. Es sind die feinsten, die wir haben. Es sind die gleichen, wie seine Lordschaft selbst sie benutzt, wenn er sich zum Dinner ankleidet.

MRS CHEVELEY *mit einem Lächeln*: Dann bin ich überzeugt, dass es genau die Richtigen sind.

PHIPPS *ernst*: Danke, Madame.

MRS CHEVELEY geht in den Salon. PHIPPS schließt die Tür und zieht sich zurück. Darauf öffnet sich langsam die Tür und MRS CHEVELEY kommt heraus und schleicht verstohlen zum Schreibtisch. Plötzlich sind Stimmen aus dem Rauchzimmer zu vernehmen. MRS CHEVELEY erblasst und bleibt stehen. Die Stimmen werden lauter; sie beißt sich auf die Lippen und geht zurück in den Salon.

LORD GORING und LORD CAVERSHAM treten auf.

LORD GORING *protestiert energisch*: Mein lieber Vater, wenn ich schon heiraten soll, wirst du mir doch sicherlich gestatten Zeit, Ort und Person selbst zu wählen – vor allem die Person!

LORD CAVERSHAM *gereizt*: Das musst du schon mir überlassen, junger Mann. Du würdest mit deiner Wahl wahrscheinlich doch nur sauber danebenlangen. Mich solltest du in dieser Sache um Rat fragen – so sieht's aus und nicht anders. Immerhin steht hier ein Vermögen auf dem Spiel. Das ist keine Gefühlssache. Gefühle stellen sich erst später, im Lauf der Ehe, ein.

LORD GORING: Stimmt. Im Eheleben stellen sich dann erst Gefühle ein, wenn zwei Menschen einander von Herzen verabscheuen, nicht wahr, Vater?

Hilft LORD CAVERSHAM in den Mantel.

LORD CAVERSHAM: Sicher doch. Ich meine natürlich: Ganz sicher nicht. Einen Stuss redest du heute Abend! Ich meine doch nur, dass so eine Ehe eine Frage des gesunden Menschenverstandes ist.

LORD GORING: Aber die Frauen, die gesunden Menschenverstand besitzen, sind merkwürdigerweise so unattraktiv, stimmt's, Vater? Natürlich spreche ich nur vom Hörensagen.

LORD CAVERSHAM: Keine Frau, ob hübsch oder hässlich, besitzt überhaupt gesunden Menschenverstand. Gesunder Menschenverstand ist das Vorrecht unseres Geschlechts.

LORD GORING: Oh ja - und wir Männer sind so selbstaufopfernd, dass wir ihn nie gebrauchen, nicht wahr, Vater?

LORD CAVERSHAM: Ich gebrauche meinen gesunden Menschenverstand, junger Mann. Ich gebrauche nichts anderes.

LORD GORING: Ja, das sagt Mutter auch.

LORD CAVERSHAM: Und das ist das Geheimnis ihres Glücks. Du bist herzlos, junger Mann, einfach herzlos.

LORD GORING: Ich hoffe doch nicht, Vater.

Begleitet ihn hinaus. Einen Augenblick später kehrt er völlig fassungslos mit SIR ROBERT CHILTERN zurück.

SIR ROBERT CHILTERN: Mein lieber Arthur, welch ein Glück, dass ich dich noch an der Tür erwische! Dein Diener hatte mir gerade erst gesagt, du seist nicht zu Hause. Wie merkwürdig!

LORD GORING: Robert, die Sache ist die, dass ich heute Abend entsetzlich viel zu tun habe. Daher habe ich Anweisung gegeben, dass ich für niemanden zu Hause bin. Selbst mein Vater wurde vergleichsweise kühl empfangen. Die ganze Zeit hat er sich über Zugluft beklagt.

SIR ROBERT CHILTERN: Oh. Für mich musst du zu Hause sein, Arthur. Du bist mein bester Freund – und ab morgen vielleicht mein einziger. Meine Frau hat alles entdeckt.

LORD GORING: Ah, hab ich mir 's doch gedacht!

SIR ROBERT CHILTERN *sieht ihn an*: Tatsächlich? Wie denn?

LORD GORING *nach einigem Zögern*: Och, da war so etwas in deinem Gesichtsausdruck, als du hereinkamst. Wer hat es ihr erzählt?

SIR ROBERT CHILTERN: Mrs Cheveley persönlich. Und die Frau, die ich liebe, weiß jetzt, dass ich meine Karriere mit schmutzigem Betrug begonnen, dass ich mein Leben auf Schande aufgebaut habe, dass ich wie eine miese kleine Heuschrecke ein Geheimnis verkauft habe, das mir als Mann von Ehre anvertraut war. Dem Himmel sei Dank, dass Lord Radley starb, ohne zu erfahren, dass ich ihn hintergangen habe. Armer Kerl! Wollte Gott, ich wäre gestorben, ehe ich auf so abscheuliche Weise in Versuchung geführt wurde oder so tief sank. *Vergräbt das Gesicht in den Händen.*

LORD GORING *nach einer Pause*: Hast du noch nichts aus Wien gehört – ich meine, als Antwort auf dein Telegramm?

SIR ROBERT CHILTERN *blickt auf.* Doch. Heute Abend um acht erhielt ich ein Telegramm vom Ersten Sekretär.

LORD GORING: Und?

SIR ROBERT CHILTERN: Über sie ist nichts Nachteiliges bekannt - nichts eindeutig und erwiesenermaßen Nachteiliges. Im Gegenteil, sie nimmt eine ziemlich hohe Stellung in der Gesellschaft ein. Es ist so etwas wie ein offenes Geheimnis, dass Baron Arnheim ihr den Löwenanteil seines ungeheuren Vermögens vermacht hat. Darüber hinaus kann ich nichts in Erfahrung bringen.

LORD GORING: Dann entpuppt sie sich also nicht als Spionin?

SIR ROBERT CHILTERN: Ach, Spione sind heutzutage doch überflüssig. Ihren Job macht schon längst die Presse.

LORD GORING: Und das verdammt gut sogar. [Trotzdem finde ich Spione irgendwie objektiver.]

SIR ROBERT CHILTERN: Arthur, ich bin ganz ausgetrocknet, so einen Durst hab' ich. Darf ich läuten und etwas bringen lassen? Etwas Hochheimer und Selters, vielleicht?

LORD GORING: Sicher doch. Ach... lass mich nur machen.

Läutet.

SIR ROBERT CHILTERN: Danke. Ich weiß nicht, was ich tun soll, Arthur, ich weiß einfach nicht, was ich tun soll, und du bist mein einziger Freund – und was für einer! Der einzige Freund, dem ich vertrauen kann. Ich kann dir doch voll und ganz vertrauen, oder?

PHIPPS tritt auf.

LORD GORING: Natürlich, mein lieber Robert. Oh... *Zu PHIPPS.* Bringen Sie zwei Hochheimer Soda.

PHIPPS: Sehr wohl, Mylord.

LORD GORING: Und, Phipps!

PHIPPS: Ja, Mylord?

LORD GORING: Würdest du mich bitte einen Augenblick entschuldigen, Robert. Ich muss meinem Diener noch ein paar Anweisungen geben.

SIR ROBERT CHILTERN: Aber sicher.

LORD GORING: Wenn die Dame kommt, sagen Sie ihr, dass ich heute Abend nicht mehr zu Hause erwartet werde. Sagen Sie ihr, ich hätte in einer dringenden Angelegenheit überraschenderweise London verlassen müssen. Sie verstehen?

PHIPPS: Die Dame befindet sich bereits im Salon nebenan, Mylord. Eure Lordschaft sagten mir, ich solle sie in den Salon führen.

LORD GORING: Das war auch völlig richtig von Ihnen. *Phipps geht ab.* In was für einer schsch-önen Patsche sitz' ich bloß! Nein. Ich weiß, wie ich mich wieder herauswinden kann. Ich werde ihr durch die Tür eine Lektion erteilen. Trotzdem ist das eine unangenehme Geschichte.

SIR ROBERT CHILTERN: Arthur, sag mir, was ich

tun soll. Es kommt mir so vor, als läge mein Leben in Trümmern und ich mittendrin. Ich bin ein Schiff in finsterer Nacht – das Steuer ist zerbrochen und kein Stern steht am Himmel.

LORD GORING: Robert, du liebst doch deine Frau?

SIR ROBERT CHILTERN: Ich liebe sie mehr als alles auf der Welt. Früher habe ich immer gedacht, das Größte sei Ehrgeiz. Aber das stimmt nicht. Die Liebe ist das Größte auf Erden. Nichts geht über die Liebe und ich liebe sie. Doch jetzt bin ich unten durch bei ihr. Unwürdig, wertlos bin ich in ihren Augen. Zwischen uns klafft jetzt ein Abgrund. Sie ist mir auf die Schliche gekommen, Arthur, sie kennt jetzt mein Geheimnis.

LORD GORING: Hat sie denn niemals in ihrem Leben eine Dummheit begangen – so etwas richtig... Unüberlegtes – dass sie deine Sünde nicht vergeben sollte?

SIR ROBERT CHILTERN: Meine Frau? Niemals! Sie kennt weder Schwäche noch Versuchung. Ich bin ein Mensch wie alle anderen Menschen auch, mit allen meinen menschlichen Schwächen. Von so etwas ist sie jedoch meilenweit entfernt. Wie alle Tugendmäuschen thront sie hoch über den Niederungen des Alltags, unbarmherzig in ihrer Vollkommenheit, kalt, streng, gnadenlos. Und trotzdem liebe ich sie. Wir haben keine Kinder, Arthur, und ich habe niemanden sonst, den ich lieben könnte, niemanden der mich liebte. Hätte Gott uns Kinder geschenkt, wäre sie vielleicht gütiger zu mir gewesen. Aber der Himmel wollte es anders und uns blieb nur ein einsames Haus. Und sie hat mir das Herz gebrochen. Reden wir nicht davon. Ich war so roh zu ihr, heute. Aber vermutlich sind Sünder immer roh, wenn sie mit Heiligen sprechen. Ich habe ihr Dinge gesagt, die – aus meiner Sicht - leider nur allzu wahr sind, jedenfalls vom männlichen Standpunkt aus. Aber reden wir nicht **davon.**

LORD GORING: Sie wird dir verzeihen. Vielleicht schon jetzt, in diesem Moment, verzeiht sie dir. Deine Frau liebt dich, Robert. Warum sollte sie dir nicht verzeihen?

SIR ROBERT CHILTERN: Dein Wort in Gottes Ohr! Dein Wort in Gottes Ohr! *Vergräbt das Gesicht in den Händen.* Aber da ist noch etwas, was ich dir sagen muss, Arthur.

PHIPPS kommt mit Getränken.

PHIPPS *bringt SIR ROBERT CHILTERN Hochheimer und Selterswasser.* Hochheimer und Selters, Sir.

SIR ROBERT CHILTERN: Danke.

LORD GORING: Ist dein Wagen unten, Robert?

SIR ROBERT CHILTERN: Nein. Ich bin vom Club zu Fuß gekommen.

LORD GORING: Phipps, Sir Robert wird meinen Wagen nehmen.

PHIPPS: Sehr wohl, Mylord. *Geht ab.*

LORD GORING: Robert, hast du etwas dagegen, wenn ich dich jetzt fortschicke?

SIR ROBERT CHILTERN: Arthur, du musst mich noch fünf Minuten bleiben lassen. Ich habe einen Entschluss gefasst, was ich heute Nacht im Parlament tun werde. Die Debatte über den Argentinien-Kanal soll um elf beginnen. *Im Salon fällt ein Stuhl um.* Was ist das?

LORD GORING: Nichts.

SIR ROBERT CHILTERN: Ich habe nebenan einen Stuhl fallen hören. Da lauscht doch jemand!

LORD GORING: Nein, da ist niemand.

SIR ROBERT CHILTERN: Und ob da jemand ist. Es brennt ja Licht in dem Zimmer und die Tür ist nur angelehnt. Jemand hat das Geheimnis meines Lebens belauscht. Arthur, was soll das?

LORD GORING: Du bist überreizt, Robert, mit den Nerven fertig. Ich sage dir, es ist niemand in dem Zimmer. Setz dich, Robert.

SIR ROBERT CHILTERN: Gibst du mir dein Wort, dass dort niemand ist?

LORD GORING: Ja.

SIR ROBERT CHILTERN: Dein Ehrenwort? *Setzt sich.*

LORD GORING: Ja.

SIR ROBERT CHILTERN *steht auf*: Arthur, lass mich selbst nachsehen.

LORD GORING: Nein.

SIR ROBERT CHILTERN: Wenn dort niemand ist, warum sollte ich dann nicht in das Zimmer hineinschauen? Arthur, du musst mich da rein gehen lassen, damit ich mich selbst überzeugen kann. Ich muss wissen, dass kein Lauscher das Geheimnis meines Lebens erfahren hat. Arthur, dir ist wohl nicht klar, was ich durchmache!

LORD GORING: Schluss damit, Robert! Ich habe dir gesagt, dass niemand in dem Zimmer ist – das genügt.

SIR ROBERT CHILTERN *stürzt zur Salontür*: Mir nicht! Ich bestehe darauf, in dieses Zimmer zu gehen. Du hast doch selbst gesagt, da sei niemand, welchen Grund kannst du also haben, es mir zu verweigern?

LORD GORING: Um Gottes willen, tu 's nicht! Es ist jemand drinnen, den du nicht sehen darfst.

SIR ROBERT CHILTERN: Ah, dacht ich's doch!

LORD GORING: Ich verbiete dir, da rein zu gehen!

SIR ROBERT CHILTERN: Weg da! Mein Leben steht auf dem Spiel. Mir scheißegal, wer da drin ist! Ich will wissen, wem ich mein Geheimnis, meine Schande erzählt habe. *Tritt in den Salon.*

LORD GORING: Gott im Himmel! Seine eigene Frau.

SIR ROBERT CHILTERN kommt zurück, mit einem Ausdruck der Wut und Verachtung im Gesicht.

SIR ROBERT CHILTERN: Wie erklärst du mir die Anwesenheit dieser Frau?

LORD GORING: Robert, ich schwöre dir bei meiner Ehre, dass die Dame unschuldig ist... rein und unschuldig, und dass sie dich niemals auch nur im Geringsten verletzen wollte.

SIR ROBERT CHILTERN: Sie ist ein dreckiges, kleines Miststück!

LORD GORING: Das darfst du nicht sagen, Robert. Sie kam doch nur deinetwegen. Um dich zu retten, kam sie. Sie liebt dich – dich und keinen andern.

SIR ROBERT CHILTERN: Du bist wahnsinnig. Was habe ich mit eurem Techtelmechtel zu schaffen? Behalte deine Geliebte nur für dich - wo ihr doch so gut zueinander passt: Sie, durch und durch verdorben, und du, falscher Fuffziger von einem Freund...

LORD GORING: Das ist nicht wahr, Robert. Bei Gott, das ist nicht wahr. In ihrer und deiner Gegenwart will ich alles erklären.

SIR ROBERT CHILTERN: Lassen Sie mich durch, mein Herr. Sie haben heute schon genug bei Ihrem Ehrenwort gelogen.

SIR ROBERT CHILTERN geht hinaus. LORD GORING stürzt zur Salontür, als MRS CHEVELEY, strahlend und höchst belustigt, herauskommt.

MRS CHEVELEY *mit einem spöttischen Knicks:*

Guten Abend, Lord Goring!

LORD GORING: Mrs Cheveley! Verdammt!...
Darf ich fragen, was Sie in meinem Salon getan
haben?

MRS CHEVELEY: Nur gelauscht. Am
Schlüsselloch zu lauschen, ist meine große
Leidenschaft. Man hört dabei stets so interessante
Sachen.

LORD GORING: Heißt das nicht fast die
Vorsehung versuchen?

MRS CHEVELEY: Ach, jetzt dürfte es der
Vorsehung nicht mehr allzu schwer fallen, der
Versuchung zu widerstehen.

*Bedeutet ihm, ihr den Mantel abzunehmen; er
gehorcht.*

LORD GORING: Ich bin froh, dass Sie gekommen
sind. Ich werde Ihnen einen guten Rat geben.

MRS CHEVELEY: Oh, bitte nicht. Man sollte einer
Frau nie etwas geben, was sie nicht am Abend
tragen kann.

LORD GORING: Wie ich sehe, sind Sie noch genauso eigensinnig wie früher.

MRS CHEVELEY: Weit mehr! Ich habe große Fortschritte gemacht. Ich habe jetzt mehr Erfahrung.

LORD GORING: Zu viel Erfahrung ist etwas Gefährliches. Bitte nehmen Sie eine Zigarette. Die Hälfte aller schönen Frauen in London raucht. Ich persönlich ziehe die andere Hälfte vor.

MRS CHEVELEY: Oh, danke nein, ich rauche nie. Das würde meiner Schneiderin überhaupt nicht gefallen. Sie wissen ja, im Leben einer Frau kommt zuerst ihre Schneiderin. Was danach kommt, hat bisher noch niemand herausgefunden.

LORD GORING: Sie sind gekommen, um mir Robert Chilterns Brief zu verkaufen, stimmt 's?

MRS CHEVELEY: Um Ihnen den Brief zu gewissen Bedingungen anzubieten. Wie haben Sie das erraten?

LORD GORING: Weil Sie die Sache nicht erwähnten. Haben Sie ihn mitgebracht?

MRS CHEVELEY *setzt sich*: Oh, nein. Ein gutsitzendes Kleid hat keine Taschen.

LORD GORING: Welchen Preis verlangen Sie dafür?

MRS CHEVELEY: Jetzt sei doch nicht so schrecklich englisch, Arthur! Ihr glaubt tatsächlich, ein Scheckbuch könne jedes Problem im Leben lösen. Oh no, my dear fellow, ich habe sehr viel mehr Geld als du und durchaus soviel wie sich Sir Robert unter den Nagel gerissen hat.

LORD GORING: Was wollen Sie dann, Mrs Cheveley?

MRS CHEVELEY: Warum nennst du mich nicht Laura?

LORD GORING: Ich mag den Namen nicht besonders.

MRS CHEVELEY: Aber früher war er Musik für dich.

LORD GORING: Ja, eben darum.

MRS CHEVELEY bedeutet ihm, sich neben sie zu setzen. Er lächelt und tut es.

MRS CHEVELEY: Du hast mich einst geliebt, Arthur.

LORD GORING: Ja.

MRS CHEVELEY: Und du hast mich gebeten, deine Frau zu werden.

LORD GORING: Das war die natürliche Folge meiner Liebe zu dir.

MRS CHEVELEY: Und dann hast du mich sitzenlassen, weil du gesehen hast – oder vielmehr weil du behauptet hast, gesehen zu haben, wie der arme alte Lord Mortlake im Wintergarten von Tenby versuchte, mich – sagen wir mal – näher zu beschnuppern.

LORD GORING: Wenn mich nicht alles täuscht, hat mein Anwalt bereits diese Angelegenheit mit dir zu gewissen Bedingungen geregelt...

Bedingungen, die **du** diktiert hast.

MRS CHEVELEY: Damals war ich arm. Du warst reich.

LORD GORING: Ganz recht. Und deshalb gabst du vor, mich zu lieben.

MRS CHEVELEY *zuckt die Schultern*: Armer alter Lord Mortlake! Er hatte nur zwei Gesprächsthemen: Seine Frau und seine Gicht. Ich habe nie so ganz 'rausbekommen können, worüber er gerade sprach. Von welcher der beiden er auch anfing, seine Sprache war einfach abscheulich. Du warst albern, Arthur. Lord Mortlake war für mich nie mehr als ein kleines Vergnügen für zwischendurch. Genau die Sorte von abgestandenem Vergnügen, mit dem man sich in einem typisch englischen Landhaus an einem typisch englischen Sonntag auf dem Lande die Zeit vertreibt. Ich glaube, kein Mensch auf der Welt ist moralisch verantwortlich für das, was er in einem englischen Landhaus anstellt.

LORD GORING: Ja, ich kenne viele Leute, die so denken.

MRS CHEVELEY: Ich habe dich geliebt, Arthur.

LORD GORING: Aber meine Liebe, du warst doch immer viel zu raffiniert, um etwas von Liebe zu verstehen!

MRS CHEVELEY: Ich habe dich wirklich geliebt. Und du hast mich geliebt. Und Liebe ist etwas Wunderbares. Ich vermute, wenn ein Mann eine Frau früher mal geliebt hat, wird er alles für sie tun – ausgenommen sie weiterzulieben? *Legt ihre Hand auf die seine.*

LORD GORING *zieht seine Hand gelassen fort*: Ja, das ausgenommen.

MRS CHEVELEY *nach einer Pause*: Ich bin es leid, im Ausland zu leben. Ich möchte nach London zurückkehren. Ich möchte hier ein hübsches Haus haben. Ich möchte einen Salon führen. Wenn man den Engländern nur das Reden und den Iren das Zuhören beibringen könnte, wäre die Gesellschaft hier recht zivilisiert. Außerdem bin ich jetzt in der romantischen Phase. Als ich dich gestern Abend bei den Chilterns sah, da wusste ich, Arthur, dass du der einzige Mensch bist, aus dem ich mir jemals etwas gemacht habe, wenn mir überhaupt je an einem Menschen gelegen war. Und deshalb habe ich folgenden Entschluss gefasst: Am Morgen des Tages, an dem du mich heiraten wirst, werde ich dir Sir Robert Chilterns Brief geben. Das ist mein Angebot. Ich werde dir den Brief jetzt geben, wenn du versprichst mich zu heiraten.

LORD GORING: Jetzt?

MRS CHEVELEY *lächelnd*: Morgen.

LORD GORING: Ist das dein Ernst?

MRS CHEVELEY: Mein voller Ernst.

LORD GORING: Ich wäre dir nur ein schlechter Ehemann.

MRS CHEVELEY: Ich habe nichts gegen schlechte Ehemänner. Ich hatte zwei. Sie haben mich ungemein amüsiert.

LORD GORING: Du meinst wohl, du hast dich ungemein amüsiert, nicht wahr?

MRS CHEVELEY: Was weißt du schon von

meinem Eheleben?

LORD GORING: Nichts. Aber so wie ich dich kenne, kann ich darin lesen wie in einem Buch.

MRS CHEVELEY: Was für ein Buch?

LORD GORING *steht auf:* Das 4. Buch Mose.

MRS CHEVELEY: Das gleich im ersten Kapitel über hunderttausend Männer zählt. Sag mal, hältst du es eigentlich für besonders charmant, in deinem Haus so unverschämt zu einer Frau zu sein?

LORD GORING: Bei den wirklich faszinierenden Frauen ist das Geschlecht eine Herausforderung, kein Schutz.

MRS CHEVELEY: Das soll wohl ein Kompliment sein. Mein lieber Arthur, Frauen lassen sich nie durch Komplimente entwaffnen. Männer dagegen immer. Das ist der Unterschied zwischen den Geschlechtern.

LORD GORING: Meiner Erfahrung nach lassen sich Frauen durch nichts entwaffnen.

MRS CHEVELEY *nach einer Pause*: Dann willst du also lieber zulassen, dass dein bester Freund, Robert Chiltern, zugrunde geht, als dass du eine gewisse Dame hier heiratest, die sich noch immer so manches von ihren nicht gerade unerheblichen Reizen bewahrt hat. In Anbetracht der Umstände hätte ich gedacht, du würdest alles geben für das Glück deines Freundes und das mit Freuden. Es wäre der Gipfel der Selbstaufopferung. Ich glaube, du solltest das wirklich. Und den Rest deines Lebens könntest du damit verbringen, über deine Vollkommenheit nachzusinnen.

LORD GORING: Oh, das tu ich auch jetzt schon. Und Selbstaufopferung ist etwas, das gesetzlich verboten werden sollte. So etwas untergräbt nur die Moral – vor allem bei den Leuten, für die man sich geopfert hat. Sie geraten dann doch nur auf Abwege.

MRS CHEVELEY: Als ob bei Sir Robert Chiltern diesbezüglich noch irgendeine Gefahr bestünde! Du scheinst wohl zu vergessen, dass ich seinen wahren Charakter kenne.

LORD GORING: Nein! Das, was du kennst, ist

nicht sein wahrer Charakter. Es war nur eine Riesendummheit, die er noch als junger Hüpfer begangen hat, schändlich, das gebe ich zu, ehrlos, das gebe ich zu, und seiner nicht würdig, zugegeben... und deshalb ist das nicht sein wahrer Charakter.

MRS CHEVELEY: Wie ihr Männer nur füreinander eintretet!

LORD GORING: Wie ihr Frauen einander bekriegt!

MRS CHEVELEY *bitter*: Ich führe nur Krieg gegen eine Frau, gegen Gertrude Chiltern. Ich hasse sie. Ich hasse sie jetzt mehr denn je.

LORD GORING: Vermutlich, weil du eine wirkliche Tragödie in ihr Leben gebracht hast.

MRS CHEVELEY *mit höhnischem Lächeln:* Ach, im Leben einer Frau gibt es nur eine wirkliche Tragödie. Die Tatsache, dass die Vergangenheit stets ihr Liebhaber und die Zukunft unweigerlich ihr Ehemann ist.

LORD GORING: Von so einem Leben weiß Lady

Chiltern nichts.

MRS CHEVELEY: Und damit dürfte unser kleiner romantischer Plausch wohl zu Ende sein. Du musst doch zugeben, dass es romantisch war, oder? Für das Privileg, deine Frau zu werden, war ich bereit, auf das Geschäft meines Lebens zu verzichten, den Höhepunkt meiner diplomatischen Karriere. Du lehnst ab. Na schön. Wenn Sir Robert Chiltern mein argentinisches Projekt nicht unterstützt, stell' ich ihn bloß. Voilà tout.

LORD GORING: Das darfst du nicht tun! Es wäre niederträchtig, abscheulich, infam.

MRS CHEVELEY *zuckt die Achseln*: Oh, nur nicht so große Worte. Sie bedeuten so wenig. Es ist nur ein Geschäft und da Gefühle hineinzumengen ist „nicht hilfreich". Ich habe Robert Chiltern etwas Bestimmtes zum Kauf angeboten. Wenn er meinen Preis nicht zahlen will, wird er der Welt einen höheren Preis zahlen müssen. Mehr ist darüber nicht zu sagen. Und nun muss ich gehen. Mach 's gut, Arthur. Möchtest du mir nicht die Hand reichen?

LORD GORING: Ihnen? Nein. Ihre Versuche, aus Roberts Vergangenheit Kapital zu schlagen, mögen in einer Zeit der Spekulanten und Heuschrecken noch als Geschäft durchgehen, aber Sie scheinen wohl vergessen zu haben, dass Sie heute Abend gekommen sind, um von Liebe zu sprechen... Sie, deren Lippen das Wort Liebe entweiht haben, Sie, der die Liebe ein Buch mit sieben Siegeln ist, Sie sind heute in das Haus einer der feinsten und edelsten Frauen auf Erden gegangen, um ihren Mann in ihren Augen zu erniedrigen und ihre Liebe zu ihm zu morden, um Gift in ihr Herz zu träufeln und Bitternis in ihr Leben zu bringen, um ihr Idol zu zertrümmern und vielleicht ihre Seele zu vernichten. Das kann ich Ihnen nicht verzeihen. Das war abscheulich. Das kann niemals vergeben werden.

MRS CHEVELEY: Du bist ungerecht zu mir, Arthur. Glaub mir, du bist ungerecht zu mir. Ich hatte nichts dergleichen im Sinn, als ich zur Türe hereinkam. Ich kam bloß mit Lady Markby vorbei, um zu fragen, ob ein Schmuckstück – ein äußerst wertvolles Schmuckstück –, das ich gestern Abend irgendwo verloren habe, bei Chilterns gefunden worden sei. Frag Lady Markby, wenn du mir nicht glaubst. Sie wird dir sagen, dass das die Wahrheit ist. Zu jener unschönen Szene kam es erst, nachdem Lady Markby schon gegangen war, und nur wegen Gertrudes Arroganz und ihrem Tugendfuror. Ich ging hin – na schön, vielleicht auch ein wenig aus Bosheit, wenn du so willst – aber wirklich nur um zu fragen, ob man meine Diamantspange gefunden habe. So ist es erst überhaupt dazu gekommen.

LORD GORING: Eine Diamantspange in Form einer Schlange mit einem Rubin?

MRS CHEVELEY: Ja, woher weißt du das?

LORD GORING: Weil sie gefunden wurde. Genaugenommen habe ich sie gefunden, aber dummerweise vergessen, dem Butler Bescheid zu sagen, als ich das Haus verließ. *Geht zum Schreibtisch und zieht verschiedene Schubladen heraus.* In dieser Schublade... nein, in dieser. Das ist die Spange, nicht wahr? *Hält sie hoch.*

MRS CHEVELEY: Ja. Ich freue mich so, sie wiederzuhaben. Sie war... ein Geschenk.

LORD GORING: Willst du sie nicht tragen?

MRS CHEVELEY: Gerne, wenn du sie mir ansteckst. *LORD GORING schließt sie ihr unvermutet um den Arm.* Nanu! Warum legst du mir die Spange als Armband um? Ich habe nie gewusst, dass man sie als Armband tragen kann.

LORD GORING: Wirklich nicht?

MRS CHEVELEY *streckt ihren schönen Arm aus*: Nein. Aber sie steht mir sehr gut als Armband, findest du nicht?

LORD GORING: Oh ja. Viel besser als damals, als ich es das letzte Mal gesehen habe.

MRS CHEVELEY: Und das wäre?

LORD GORING *ruhig*: Oh, vor zehn Jahren, bei Lady Berkshire, der Sie es gestohlen haben.

MRS CHEVELEY *erschrickt*: Was willst du damit sagen?

LORD GORING: Ich will damit sagen, dass Sie diesen Schmuck meiner Cousine Mary Berkshire gestohlen haben, der ich ihn zur Hochzeit geschenkt hatte. Der Verdacht fiel auf ein unglückliches Dienstmädchen, das mit Schimpf und Schande davongejagt wurde. Gestern Abend hab' ich ihn wiedererkannt. Ich beschloss, nichts davon zu sagen, bis ich den Dieb gefunden hätte. Jetzt habe ich die Diebin gefunden und ihr eigenes Geständnis gehört.

MRS CHEVELEY *wirft den Kopf zurück*: Das ist nicht wahr.

LORD GORING: Sie wissen, dass es wahr ist. Diebin steht Ihnen auf der Stirn geschrieben.

MRS CHEVELEY: Ich werde alles leugnen, die ganze Geschichte von A bis Z. Ich werde einfach sagen, dass ich das verflixte Ding nie gesehen habe, dass es niemals in meinem Besitz war.

MRS CHEVELEY versucht, das Armband zu entfernen, aber es gelingt ihr nicht. LORD GORING sieht ihr amüsiert zu. Ihre schlanken Finger zerren vergeblich an dem Schmuck. Ein Fluch entfährt ihr.

LORD GORING: Tja, das, Mrs Cheveley, ist der Haken, wenn man etwas stiehlt: Man weiß nie, wie erstaunlich das Gestohlene ist. Sie können das Armband nicht ablegen, wenn Sie nicht wissen, wo sich die Feder zum Öffnen befindet. Und offensichtlich wissen Sie das nicht. Sie ist ziemlich schwierig zu finden.

MRS CHEVELEY: Schuft! Feigling!

Sie versucht abermals, das Armband zu öffnen, was ihr jedoch nicht glückt.

LORD GORING: Oh, nur nicht so große Worte. Sie bedeuten so wenig.

MRS CHEVELEY zerrt wieder in einem Wutanfall mit unartikulierten Lauten an dem Armband. Dann hält sie inne und sieht LORD GORING an.

MRS CHEVELEY: Was haben Sie vor?

LORD GORING: Ich werde meinem Diener läuten. Ein bewundernswerter Diener. Kommt immer genau dann, wenn man nach ihm läutet. Wenn er kommt, werde ich ihm auftragen, die Polizei zu holen.

MRS CHEVELEY *zitternd*: Die Polizei?

Weswegen?

LORD GORING: Gleich morgen werden die Berkshires Anzeige gegen Sie erstatten. Daher die Polizei.

MRS CHEVELEY schwebt jetzt in sichtlichen Todesängsten. Ihr Gesicht ist verzerrt, ihr Mund schief. Eine Maske ist von ihr abgefallen. Im Augenblick sieht sie schrecklich aus.

MRS CHEVELEY: Nicht! Ich werde alles tun, was Sie wollen. Alles auf der Welt, was Sie wollen.

LORD GORING: Geben Sie mir Robert Chilterns Brief.

MRS CHEVELEY: Halt! Stopp! Geben Sie mir Zeit zum Nachdenken.

LORD GORING: Geben Sie mir Robert Chilterns Brief.

MRS CHEVELEY: Ich habe ihn nicht bei mir. Gleich morgen sollen Sie ihn haben.

LORD GORING: Sie lügen und das wissen Sie

auch. Geben Sie mir sofort den Brief. *MRS CHEVELEY zieht den Brief hervor. Sie ist erschreckend bleich.* Ist er das?

MRS CHEVELEY *mit heiserer Stimme*: Ja.

LORD GORING *nimmt den Brief, prüft ihn, seufzt und verbrennt ihn über der Lampe*: Für eine so gut gekleidete Frau, Mrs Cheveley, haben Sie Momente von bewundernswert gesundem Menschenverstand. Ich gratuliere Ihnen.

MRS CHEVELEY *erblickt Lady Chilterns Brief, dessen Umschlag unter der Schreibmappe ein wenig hervorragt*: Bitte holen Sie mir ein Glas Wasser.

LORD GORING: Sicher doch.

Er geht in die Zimmerecke und füllt ein Glas mit Wasser. Während er MRS CHEVELEY den Rücken kehrt, stiehlt sie Lady Chilterns Brief. Als LORD GORING mit dem Glas zurückkommt, weist sie es mit einer Handbewegung zurück.

MRS CHEVELEY: Danke. Helfen Sie mir in den Mantel?

LORD GORING: Mit Vergnügen. *Legt ihr den Mantel um.*

MRS CHEVELEY: Dankeschön. Ich werde nie wieder versuchen, Robert Chiltern zu schaden.

LORD GORING: Zum Glück haben Sie nicht die Möglichkeit, Mrs Cheveley.

MRS CHEVELEY: Selbst wenn ich die Möglichkeit hätte, würde ich es nicht tun. Im Gegenteil, ich werde ihm einen großen Dienst erweisen.

LORD GORING: Ich bin entzückt, das zu hören. Es ist ein Zeichen der Besserung.

MRS CHEVELEY: Oh doch. Ich kann es nicht ertragen, dass ein so rechtschaffener Mann, ein so ehrenwerter englischer Gentleman so schändlich hintergangen wird und...

LORD GORING: Nun?

MRS CHEVELEY: Ich stelle fest, dass Gertrudes Schwanengesang sich irgendwie in meine Tasche verirrt hat.

LORD GORING: Was soll das heißen?

MRS CHEVELEY *mit einem schneidend triumphierenden Ton in der Stimme*: Es soll heißen, dass ich Robert Chiltern jenen Liebesbrief schicken werde, den seine Frau Ihnen heute Abend geschrieben hat.

LORD GORING: Liebesbrief?

MRS CHEVELEY *lachend*: „Ich brauche Dich. Ich vertraue Dir. Ich komme zu Dir. Gertrude".

LORD GORING stürzt zum Schreibtisch, nimmt den Umschlag, findet ihn leer und dreht sich um.

LORD GORING: Du elendes, kleines Luder, musst du denn immer lange Finger machen? Her mit dem Brief oder ich hole ihn mir – wenn 's sein muss, mit Gewalt! Sie werden hier nicht eher 'rauskommen, bis ich ihn wiederhabe.

Er stürzt auf sie zu, aber MRS CHEVELEY legt sofort die Hand auf die elektrische Klingel, die sich auf dem Tisch befindet. Sie läutet mit schrillem Widerhall und PHIPPS tritt auf.

MRS CHEVELEY *nach einer Pause*: Lord Goring
hat nur geläutet, damit Sie mich hinausbegleiten.
Leben Sie wohl, Lord Goring!

*Geht, von PHIPPS gefolgt, hinaus. Ihr Gesicht
erstrahlt in teuflischem Triumph. Ein boshaftes
Vergnügen leuchtet ihr aus den Augen. Die Jugend
scheint wieder zu ihr zurückgekehrt. Ihr letzter
Blick ist wie ein Pfeil.*
*LORD GORING beißt sich auf die Lippen und
zündet sich eine Zigarette an.*

4. Akt

Salon in Robert Chilterns Haus (wie im 2. Akt)

LORD GORING steht am Kamin, die Hände in den Taschen. Er sieht ziemlich gelangweilt aus.

LORD GORING *zieht seine Taschenuhr, schaut drauf, läutet:* Es ist doch zu dumm. Ich finde in diesem Haus niemanden, mit dem ich reden kann. Und dabei bin ich voll interessanter Neuigkeiten. Ich komme mir fast schon vor wie die neuste Ausgabe der Morning Post.

Der Diener JAMES tritt auf.

JAMES: Sir Robert ist noch im Außenministerium, Mylord.

LORD GORING: Und Lady Chiltern ist noch nicht unten?

JAMES: Die gnädige Frau hat ihr Zimmer noch nicht verlassen. Miss Chiltern ist soeben vom Reiten zurückgekehrt.

LORD GORING *für sich*: Das ist immerhin etwas.

JAMES: Lord Caversham wartet seit einiger Zeit in der Bibliothek auf Sir Robert. Ich habe ihm gesagt, Eure Lordschaft seien hier.

LORD GORING: Danke. Würden Sie ihm freundlicherweise sagen, ich sei gegangen?

JAMES: Sehr wohl, Mylord. *Geht ab.*

LORD GORING: Ich möchte meinem Vater wahrhaftig nicht drei Tage hintereinander über den Weg laufen. Das ist für jeden Sohn dann doch etwas zu viel der Aufregung. Oh Gott, hoffentlich kreuzt er jetzt nicht auf. Väter „sollte man weder sehen noch hören". Das ist die einzige angemessene Basis für ein Familienleben. Mütter sind anders. Mütter sind einfach lieb. *Lässt sich in einen Sessel fallen, nimmt eine Zeitung und beginnt zu lesen.*

LORD CAVERSHAM tritt auf.

LORD CAVERSHAM: Na, junger Mann, was machst du hier? Vergeudest deine Zeit wie üblich, nehme ich an?

LORD GORING *wirft seine Zeitung hin und steht auf*: Mein lieber Vater, wenn man einen Besuch macht, dann geschieht das, um andrer Leute Zeit zu vergeuden, nicht die eigene.

LORD CAVERSHAM: Hast du darüber nachgedacht, was ich dir gestern Abend gesagt habe?

LORD GORING: Ich habe an nichts anderes gedacht.

LORD CAVERSHAM: Und, schon verlobt?

LORD GORING *munter*: Noch nicht, aber ich hoffe, es vor dem Mittagessen zu sein.

LORD CAVERSHAM *bissig*: Du kannst dir auch ruhig bis zum Abendessen Zeit lassen, wenn es dir lieber ist.

LORD GORING: Danke, das ist ja furchtbar nett, aber ich möchte mich doch lieber vor dem Mittagessen verloben.

LORD CAVERSHAM: Hm! Ich weiß nie, wann es dir Ernst ist und wann nicht.

LORD GORING: Geht mir genauso, Vater.

Pause.

LORD CAVERSHAM: Ich nehme an, du hast heute Morgen schon die Times gelesen?

LORD GORING *leichthin*: Die Times? Bestimmt nicht! Ich lese nur die Morning Post. Vom heutigen Leben sollte man nur wissen, was die Reichen und Schönen so treiben. Alles andere ist aber auch zu deprimierend!

LORD CAVERSHAM: Soll das heißen, dass du den großen Leitartikel in der Times über Robert Chilterns Karriere nicht gelesen hast?

LORD GORING: Du liebe Güte! Nein. Was steht denn drin?

LORD CAVERSHAM: Was soll schon drinstehen? Natürlich lauter Lobeshymnen. Chilterns Rede über das argentinische Kanalprojekt gestern Nacht war eine der glänzendsten Parlamentsreden seit Canning.

LORD GORING: Canning? Nie gehört. Nie das Bedürfnis gehabt. Und hat Chiltern... das Projekt unterstützt?

LORD CAVERSHAM: Unterstützt? Da kennst du ihn aber schlecht, junger Mann! In Grund und Boden hat er es kritisiert, genau wie das ganze heutige System des politischen Wirtschaftsdenkens. Diese Rede ist der Wendepunkt seiner politischen Laufbahn - und so steht es auch dick und fett in der Times. Du solltest diesen Artikel lesen, junger Mann. *Schlägt die Times auf.* „Sir Robert Chiltern... der Erste unter den aufstrebenden jungen Staatsmännern... brillanter Redner... mit weißer Weste ganz nach oben... seine moralische Integrität ist allseits bekannt... er repräsentiert das öffentliche Leben Englands von seiner besten Seite und setzt damit ein wohltuend würdiges Gegengewicht zu jener laxen Moral, die unter ausländischen Politikern so verbreitet ist..." ... Von dir werden sie das nie sagen, junger Mann.

LORD GORING: Das möchte ich doch schwer hoffen, Vater. Aber es freut mich, was du mir von Robert erzählst. Es beweist, dass er Mut hat.

LORD CAVERSHAM: Er besitzt mehr als Mut, er besitzt Genie.

LORD GORING: Ach, ich ziehe Mut vor. Der ist heutzutage nicht so häufig wie Genie.

LORD CAVERSHAM: Ich wünschte, du würdest ins Parlament gehen.

LORD GORING: Mein lieber Vater, nur Leute, die farblos aussehen und stumpf, schaffen es ins Parlament. Und nur Leute, die auch farblos sind und stumpf, haben dort überhaupt Erfolg.

LORD CAVERSHAM: Warum versuchst du nicht, etwas Nützliches aus deinem Leben zu machen?

LORD GORING: Dafür bin ich doch noch viel zu jung!

LORD CAVERSHAM: Dieses ständige Getue um die Jugend heute geht mir dermaßen auf den Sss...Senkel!

LORD GORING: Jugend ist kein Getue. Jugend ist eine Kunst.

LORD CAVERSHAM: Warum machst du dieser hübschen Miss Chiltern keinen Heiratsantrag?

LORD GORING: Ich habe ein schüchternes Gemüt, besonders am Vormittag.

LORD CAVERSHAM: Ich glaube nicht, dass auch nur die geringste Chance besteht, dass sie dich nimmt.

LORD GORING: Ich weiß nicht... Wie steht denn die Wette heute?

LORD CAVERSHAM: Wenn sie dich tatsächlich nähme, wäre sie die hübscheste Närrin Englands.

LORD GORING: Genau das, was ich heiraten möchte. Eine durch und durch vernünftige Frau würde mich in weniger als sechs Monaten in völlige geistige Umnachtung stürzen.

LORD CAVERSHAM: Du verdienst sie nicht, junger Mann.

LORD GORING: Ach Vater, wenn wir Männer, die Frauen heiraten würden, die wir verdienen, dann wäre uns eine schlimme Zeit beschieden.

MABEL CHILTERN tritt auf.

MABEL CHILTERN: Oh!... Guten Tag, Lord Caversham. Ich hoffe, Lady Caversham geht es gut?

LORD CAVERSHAM: Es geht ihr wie immer – immer dasselbe!

LORD GORING: Guten Tag, Miss Mabel!

MABEL CHILTERN *beachtet LORD GORING überhaupt nicht und wendet sich ausschließlich an LORD CAVERSHAM*: Und Lady Cavershams Hüte... hat sich ihr Zustand schon etwas gebessert?

LORD CAVERSHAM: Sie haben einen bedenklichen Rückfall erlitten, tut mir leid.

LORD GORING: Guten Tag, Miss Mabel!

MISS MABEL: Ein Eingriff wird doch hoffentlich nicht vonnöten sein?

LORD CAVERSHAM *über ihre Keckheit lächelnd*:

Wenn dieser Fall eintreten sollte, werden wir Lady Caversham ein Betäubungsmittel geben müssen. Andernfalls würde sie nie erlauben, dass auch nur eine Feder angetastet wird.

LORD GORING *mit wachsendem Nachdruck*: Guten Tag, Miss Mabel!

MABEL CHILTERN *dreht sich mit gespielter Überraschung um*: Oh, Sie hier? Sie begreifen natürlich, dass ich nie wieder mit Ihnen sprechen werde, nachdem Sie unsere Verabredung nicht eingehalten haben.

LORD GORING: Oh, bitte sagen Sie nicht so etwas. Sie sind der einzige Mensch in London, von dem ich wirklich gern möchte, dass er mir zuhört.

MABEL CHILTERN: Lord Goring, ich glaube nie auch nur ein einziges Wort, das Sie und ich einander sagen.

LORD CAVERSHAM: Da haben Sie völlig recht, meine Liebe ... ich meine natürlich, soweit es ihn betrifft.

MABEL CHILTERN: Glauben Sie, Sie könnten

vielleicht dafür sorgen, dass sich Ihr Sohn ab und zu etwas besser benimmt? Nur so zur Abwechslung.

LORD CAVERSHAM: Ich muss Ihnen leider sagen, dass ich überhaupt keinen Einfluss auf meinen Sohn habe. Ich wünschte, es wäre so. Dann wüsste ich schon, wozu ich ihn bringen würde.

MABEL CHILTERN: Ich fürchte, er ist eine von diesen entsetzlich schwachen Naturen, die sich einfach nicht beeinflussen lassen.

LORD CAVERSHAM: Er ist einfach herzlos, der Bursche, einfach herzlos.

LORD GORING: Mir scheint, ich störe hier wohl etwas?

MABEL CHILTERN: Es ist nur gut für Sie, dass Sie mal stören und dabei mitbekommen, was die Leute hinter Ihrem Rücken so alles über Sie reden.

LORD GORING: Ich will überhaupt nicht wissen, was die Leute so über mich reden. Das macht mich nur viel zu eingebildet.

LORD CAVERSHAM: Und das ist jetzt, glaube ich, der Moment, wo ich mich wirklich von Ihnen verabschieden muss, meine Liebe.

MABEL CHILTERN: Oh, Sie werden mich doch hoffentlich nicht mit Lord Goring allein lassen – und noch dazu so früh am Morgen?

LORD CAVERSHAM: Es tut mir leid, aber ich kann ihn nicht in die Downing Street mitnehmen. Heute ist nicht der Tag, an dem der Premierminister die Arbeitslosen empfängt. *Reicht MABEL CHILTERN zum Abschied die Hand, nimmt Stock und Hut und geht ab – nachdem er LORD GORING einen letzten, entrüsteten Blick zugeworfen hat.*

MABEL CHILTERN *nimmt einige Rosen zur Hand und beginnt, sie in einer Schale auf dem Tisch zu arrangieren*: Leute, die ihre Verabredungen im Park nicht einhalten, sind wirklich fies.

LORD GORING: Einfach abscheulich.

MABEL CHILTERN: Wie schön, dass Sie es zugeben. Aber ich wünschte, Sie würden nicht so vergnügt dabei aussehen.

LORD GORING: Ich kann nichts dafür. Ich sehe immer vergnügt aus, wenn ich mit Ihnen zusammen bin.

MABEL CHILTERN *düster*: Dann ist es vermutlich meine Pflicht, bei Ihnen zu bleiben?

LORD GORING: Natürlich.

MABEL CHILTERN: Nein, meine Pflicht ist etwas, das ich grundsätzlich nicht tue. Es deprimiert mich immer so. Deshalb muss ich Sie leider verlassen.

LORD GORING: Bitte nicht, Miss Mabel. Ich habe Ihnen etwas ganz Besonderes zu sagen.

MABEL CHILTERN *entzückt*: Oh, ist es ein Antrag?

LORD GORING *etwas verblüfft*: Äh... ja... stimmt – ich muss zugeben, es ist so.

MABEL CHILTERN *seufzt wohlig*: Wie schön! Das ist heute schon der zweite.

LORD GORING *entrüstet*: Schon der zweite heute?! Welcher eingebildete Affe ist so dreist und wagt es, dir einen Antrag zu machen, bevor ich um deine Hand angehalten habe?

MABEL CHILTERN: Tommy Trafford natürlich. Heute ist wieder mal einer seiner Tage. In der Saison macht er mir nämlich immer dienstags und donnerstags einen Antrag.

LORD GORING: Sie haben ihn doch wohl hoffentlich nicht erhört?

MABEL CHILTERN: Ich habe es mir zur Regel gemacht, Tommy niemals zu erhören. Deswegen macht er ja mit seinen Anträgen munter weiter. Natürlich war ich heute Morgen, als Sie sich nicht blicken ließen, sehr nahe daran, ja zu sagen. Es wäre eine wunderbare Lektion für Sie beide gewesen. Es hätte Sie beide einmal bess're Manieren gelehrt.

LORD GORING: Ach, zum Henker mit Tommy Trafford! Tommy ist ein alberner kleiner Fatzke. Ich liebe Sie.

MABEL CHILTERN: Ich weiß. Und ich finde, Sie hätten es ruhig früher erwähnen können. Ich habe Ihnen bestimmt schon massenhaft Gelegenheiten gegeben.

LORD GORING: Mabel, seien Sie ernst. Bitte seien Sie ernst.

MABEL CHILTERN: Ach, genau so redet ein Mann mit einem Mädchen, bevor er mit ihr verheiratet ist. Hinterher sagt er so etwas nie.

LORD GORING *ergreift ihre Hand*: Mabel, ich habe Ihnen gesagt, dass ich Sie liebe. Können Sie mich nicht ein kleines bisschen wiederlieben?

MABEL CHILTERN: Ach, dummer, kleiner Arthur, du! Wenn du nur wüsstest – etwas wovon du überhaupt keine Ahnung hast, dann wüsstest du, dass ich dich über alles liebe. Ganz London weiß es – nur du nicht. Es ist fast schon ein öffentlicher Skandal, wie sehr ich dich liebe. Seit sechs Monaten laufe ich herum und erzähle überall in der Gesellschaft, wie verrückt ich nach dir bin... Dass du dich endlich bereit erklärst und zugibst, dass du mir etwas Bestimmtes zu sagen hast... Ich habe überhaupt keinen Charakter mehr.

Zumindest fühle ich mich so glücklich, dass ich mir völlig sicher bin, ich habe keinen Charakter mehr.

LORD GORING *nimmt sie in die Arme und küsst sie. Dann folgt eine Pause des Entzückens*: Liebste! Weißt du, ich hatte schreckliche Angst, einen Korb zu bekommen.

MABEL CHILTERN *blickt zu ihm empor*: Aber du hast doch noch nie von irgendjemandem einen Korb bekommen, nicht wahr, Arthur? Ich kann mir nicht vorstellen, dass dich jemand abweist.

LORD GORING *nachdem er sie wieder geküsst hat*: Natürlich bin ich nicht annähernd gut genug für dich, Mabel.

MABEL CHILTERN *schmiegt sich an ihn*: Ich bin so froh darüber, Liebling. Ich fürchtete schon, du wärst es.

LORD GORING *nach einigem Zögern*: Und ich bin... ich bin etwas über dreißig.

MABEL CHILTERN: Du siehst Wochen jünger aus, Schatz.

LORD GORING *begeistert*: Wie lieb von dir!...
Und es ist nur fair, dir offen zu sagen, dass ich
schrecklich extravagant bin.

MABEL CHILTERN: Das bin ich doch auch,
Arthur. Da werden wir uns bestimmt gut
vertragen. Und jetzt muss ich zu Gertrude gehen.

LORD GORING: Musst du wirklich? *Küsst sie.*

MABEL CHILTERN: Ja.

LORD GORING: Dann sag ihr, dass ich unbedingt
mit ihr sprechen möchte. Ich warte hier schon den
ganzen Vormittag, um entweder mit ihr oder
Robert zu sprechen.

MABEL CHILTERN: Willst du damit sagen, dass
du nicht ausdrücklich deshalb gekommen bist, um
mir einen Antrag zu machen?

LORD GORING *triumphierend*: Nein, das war ein
Geistesblitz.

MABEL CHILTERN: Dein erster.

LORD GORING *mit Entschiedenheit*: Mein letzter.

MABEL CHILTERN: Das freut mich zu hören. Und nun rühr' dich nicht von der Stelle. Ich bin in fünf Minuten wieder da. Und dass du mir nicht irgendwelchen Versuchungen erliegst, während ich fort bin.

LORD GORING: Liebste Mabel, wenn du fort bist, gibt es keine Versuchung. Das macht mich furchtbar abhängig von dir.

LADY CHILTERN tritt auf.

LADY CHILTERN: Hallo, meine Liebe. Wie hübsch du aussiehst!

MABEL CHILTERN: Wie blass du aussiehst, Gertrude. Aber es steht dir.

LADY CHILTERN: Guten Tag, Lord Goring.

LORD GORING *verneigt sich*: Guten Morgen, Lady Chiltern.

MABEL CHILTERN *beiseite zu Lord Goring*: Ich

bin dann im Wintergarten, unter der zweiten Palme links.

LORD GORING: Zweite Palme links?

MABEL CHILTERN *mit einem Blick gespielter Überraschung*: Na klar, die übliche Palme. *Wirft ihm unbemerkt von LADY CHILTERN eine Kusshand zu und geht hinaus.*

LORD GORING: Lady Chiltern, ich habe einige sehr gute Nachrichten für Sie. Mrs Cheveley hat mir gestern Abend Roberts Brief gegeben und ich habe ihn verbrannt. Robert ist in Sicherheit.

LADY CHILTERN *sinkt auf das Sofa:* In Sicherheit! Oh, ich bin so froh darüber. Was für ein guter Freund sind Sie ihm doch – und uns!

LORD GORING: Es gibt jetzt nur einen Menschen, von dem man sagen könnte, dass er sich in Gefahr befindet.

LADY CHILTERN: Und das wäre?

LORD GORING *setzt sich neben sie*: Sie!

LADY CHILTERN: Ich? In Gefahr? Was soll das heißen?

LORD GORING: „Gefahr" ist vielleicht etwas zu stark ausgedrückt. Ich hätte das so nicht sagen sollen. Doch ich gestehe, ich muss Ihnen etwas sagen, dass Sie vielleicht beunruhigen wird, etwas, das mir schreckliche Sorgen macht. Gestern Abend haben Sie mir einen wunderschönen, sehr weiblichen Brief geschrieben, in dem Sie mich um Hilfe baten. Sie schrieben mir als einem Ihrer ältesten Freunde, als einem der ältesten Freunde ihres Mannes. Mrs Cheveley hat diesen Brief gestohlen.

LADY CHILTERN: Und was sollte sie damit wohl anfangen können? Warum sollte sie ihn nicht haben?

LORD GORING *steht auf:* Lady Chiltern, ich will ganz ehrlich zu Ihnen sein. Mrs Cheveley versteht diesen Brief auf eine sehr bestimmte Art und Weise und sie hat die Absicht, ihn an Ihren Mann zu schicken.

LADY CHILTERN: Aber wie sollte sie ihn denn sonst verstehen? Oh nein, nicht **so**! Wenn ich in

Schwierigkeiten bin und Ihre Hilfe brauche und zu Ihnen kommen möchte, weil ich Ihnen vertraue,... Gibt es tatsächlich Frauen, die so abscheulich sind? Und sie hat die Absicht, ihn meinem Mann zu schicken? Erzählen Sie mir was passiert ist, erzählen Sie mir alles.

LORD GORING: Mrs Cheveley war in einem Raum neben meiner Bibliothek verborgen, ohne dass ich es wusste. Ich glaubte, die Person, die in jenem Raum auf mich wartete, seien Sie. Unerwartet kam Robert. Im Nebenraum fiel ein Stuhl oder sonst was um. Robert drang mit Gewalt ein und entdeckte die Dame. Es kam zu einem fürchterlichen Auftritt zwischen uns. Ich glaubte immer noch, Sie seien dort. Zornig verließ er mich. Am Ende bemächtigte sich Mrs Cheveley Ihres Briefes – sie stahl ihn, wann oder wie, weiß ich nicht.

LADY CHILTERN: Um wieviel Uhr geschah das?

LORD GORING: Um halb Elf. Und jetzt schlage ich vor, dass wir Robert sofort die ganze Sache erzählen.

LADY CHILTERN *sieht ihn mit einem Erstaunen*

an, das fast schon an Entsetzen grenzt: Sie wollen, dass ich Robert erzähle, die Frau, die Sie erwarteten, sei nicht Mrs Cheveley gewesen, sondern **ich**? Dass ich es gewesen sei, die Sie nachts, um halb elf, in einem Zimmer Ihres Hauses verborgen glaubten? Sie wollen allen Ernstes, dass ich ihm das erzähle?

LORD GORING: Ich glaube, es ist besser, wenn er die volle Wahrheit erfährt.

LADY CHILTERN *steht auf:* Nein! Das kann ich nicht.

LORD GORING: Darf ich es tun?

LADY CHILTERN: Nein.

LORD GORING *ernst:* Da haben Sie Unrecht, Lady Chiltern.

LADY CHILTERN: Nein. Der Brief muss abgefangen werden, und Schluss! Aber wie fange ich das nur an? Den ganzen Tag kriegt er ständig Briefe. Seine Sekretäre öffnen sie und reichen sie ihm dann weiter. Ich wage nicht, die Diener zu bitten, mir seine Briefe zu bringen. Das wäre unmöglich. Ach, warum sagen Sie mir nicht, was ich tun soll?

LORD GORING: Bitte beruhigen Sie sich, Lady Chiltern, und beantworten Sie mir die Fragen, die ich Ihnen jetzt stellen werde. Sie sagten, seine Sekretäre öffnen seine Briefe?

LADY CHILTERN: Ja.

LORD GORING: Wer ist heute bei ihm? Mr Trafford, nicht wahr?

LADY CHILTERN: Nein, Mr Montford, glaube ich.

LORD GORING: Können Sie ihm vertrauen?

LADY CHILTERN *mit einer Gebärde der Verzweiflung*: Ach, woher soll ich das wissen?

LORD GORING: Er würde doch tun, worum Sie ihn bäten, oder?

LADY CHILTERN: Ich glaube, schon.

LORD GORING: Ihr Brief war auf rosa Briefpapier. Er könnte ihn doch an der Farbe erkennen… ohne ihn zu lesen…

LADY CHILTERN: Vermutlich.

LORD GORING: Ist er jetzt im Haus?

LADY CHILTERN: Ja.

LORD GORING: Dann werde ich selbst zu ihm gehen und ihm sagen, dass heute ein ganz bestimmter Brief, auf rosa Papier geschrieben, für Robert kommen wird, der ihn jedoch um keinen Preis erreichen darf. *Geht zur Tür und öffnet sie.* Oh. Robert kommt herauf… mit dem Brief in der Hand… er **hat** ihn schon!

LADY CHILTERN *mit einem Ausruf des Schmerzes*: Sein Leben haben Sie gerettet – aber was haben Sie nur mit meinem getan!

SIR ROBERT CHILTERN tritt auf. Er hat den Brief in der Hand und liest ihn. Er geht auf seine Frau zu, ohne LORD GORINGs Anwesenheit zu bemerken.

SIR ROBERT CHILTERN: „Ich brauche Dich. Ich vertraue Dir. Ich komme zu Dir. Gertrude." Oh, mein Liebling, ist das wahr? Du vertraust mir wirklich und brauchst mich? Dann wäre es aber an mir, zu dir zu kommen, und nicht an dir, mir zu schreiben, dass du zu mir kommen willst. Dieser Brief von dir, Gertrude, gibt mir das Gefühl, dass mich jetzt nichts mehr erschüttern kann, - was immer die Welt auch tun mag. Du brauchst mich, Gertrude?

Unbemerkt von SIR ROBERT CHILTERN macht LORD GORING LADY CHILTERN eine beschwörende Geste, die Situation und Sir Roberts Irrtum zu akzeptieren.

LADY CHILTERN: Ja.

SIR ROBERT CHILTERN: Du vertraust mir, Gertrude?

LADY CHILTERN: Ja.

SIR ROBERT CHILTERN: Und warum hast du nicht hinzugefügt, dass du mich liebst?

LADY CHILTERN *nimmt seine Hand*: Weil ich dich liebe.

LORD GORING entfernt sich in den Wintergarten.

SIR ROBERT CHILTERN *küsst sie*: Gertrude, du weißt nicht, was ich empfinde. Als mir Montford deinen Brief über den Tisch reichte – er hat ihn wohl versehentlich geöffnet, ohne sich die Handschrift auf dem Umschlag anzusehen – und als ich las... oh!... Da war mir einerlei welche Schande oder Strafe mich erwartet, ich dachte nur daran, dass du mich noch liebst.

LADY CHILTERN: Dir droht keine Schande mehr, kein öffentlicher Aufschrei. Mrs Cheveley hat den Beweis, der sich in ihrem Besitz befand, Lord Goring übergeben und der hat ihn vernichtet.

SIR ROBERT CHILTERN: Weißt du das genau, Gertrude?

LADY CHILTERN: Ja. Lord Goring hat es mir soeben erzählt.

SIR ROBERT CHILTERN: Dann bin ich in Sicherheit. Oh, welch wunderbares Gefühl das ist! Seit zwei Tagen habe ich in Todesängsten geschwebt. Jetzt bin ich in Sicherheit. Wie hat

Arthur meinen Brief vernichtet? Erzähl es mir.

LADY CHILTERN: Er hat ihn verbrannt.

SIR ROBERT CHILTERN: Ich wünschte, ich hätte diese meine einzige Jugendsünde zu Asche verbrennen sehen. Wie viele Leute laufen heutzutage herum, die ihre Vergangenheit nur allzu gerne zu einem Häuflein Asche verbrennen sähen. Ist Arthur noch da?

LADY CHILTERN: Ja. Er ist im Wintergarten.

SIR ROBERT CHILTERN: Ich bin so froh, dass ich gestern Nacht diese Rede im Parlament gehalten habe, so froh. Ich tat es im Bewusstsein, dass vielleicht öffentliche Schande die Folge sein würde. Aber es kam anders.

LADY CHILTERN: Öffentliche Anerkennung war der Erfolg.

SIR ROBERT CHILTERN: Ich glaube, schon. Ich fürchte es fast. Denn obwohl ich jetzt vor Entdeckung sicher bin, obwohl jeder Beweis gegen mich vernichtet ist, sollte ich... sollte ich mich nun wohl aus der Öffentlichkeit zurückziehen, Gertrude? *Er blickt seine Frau beklommen an.*

LADY CHILTERN *eifrig*: Oh ja, Robert, das solltest du tun. Es ist deine Pflicht.

SIR ROBERT CHILTERN: Das bedeutet, viel aufzugeben.

LADY CHILTERN: Nein, es bedeutet, viel zu gewinnen.

SIR ROBERT CHILTERN geht mit gequälter Miene im Zimmer auf und ab. Dann tritt er zu seiner Frau und legt ihr die Hand auf die Schulter.

SIR ROBERT CHILTERN: Und du wärst glücklich, irgendwo mit mir allein zu leben, im Ausland vielleicht oder auf dem Land, weit weg von London, weit weg vom öffentlichen Leben? Würdest du das nicht bedauern?

LADY CHILTERN: Oh nein, Robert, keinesfalls!

SIR ROBERT CHILTERN: Und dein Ehrgeiz für mich? Du warst doch früher so ehrgeizig um meinetwillen.

LADY CHILTERN: Ach was, Ehrgeiz! Jetzt habe ich keinen mehr, nur dass wir beide einander lieben. Es war dein Ehrgeiz, der dich vom rechten Weg geführt hat. Lass uns doch nicht von Ehrgeiz sprechen.

LORD GORING kommt aus dem Wintergarten, sehr zufrieden mit sich und einer völlig neuen Blume im Knopfloch, die ihm jemand gepflückt hat.

SIR ROBERT CHILTERN *geht ihm entgegen*: Arthur, ich muss dir danken, für das, was du für mich getan hast. Wie kann ich mich revanchieren?

LORD GORING: Mein lieber Robert, das werde ich dir gleich sagen. In diesem Augenblick, unter der üblichen Palme... im Wintergarten, meine ich...

MASON tritt auf.

MASON: Lord Caversham.

LORD GORING: Mein vortrefflicher Vater macht

es sich langsam zur Gewohnheit, immer im falschen Moment aufzutauchen. Das ist herzlos von ihm, wirklich einfach herzlos.

LORD CAVERSHAM tritt auf. MASON geht ab.

LORD CAVERSHAM: Guten Tag, Lady Chiltern! Meine herzlichsten Glückwünsche, Chiltern, zu Ihrer glänzenden Rede, gestern. Ich komme soeben vom Premierminister und Sie sollen den vakanten Sitz im Kabinett erhalten.

SIR ROBERT CHILTERN *mit einem Ausdruck der Freude und des Triumphes*: Einen Sitz im Kabinett?

LORD CAVERSHAM: Ja. Hier ist das Schreiben des Premierministers. *Übergibt es ihm.*

SIR ROBERT CHILTERN *nimmt das Schreiben und liest es*: Ein Sitz im Kabinett!

LORD CAVERSHAM: Aber sicher doch und den verdienen Sie auch. Sie haben all das, was wir in der Politik heutzutage so dringend brauchen: Charakter, Moral und Überzeugungen. Sie haben hehre Prinzipien - *zu LORD GORING* im

Gegensatz zu dir, junger Mann.

LORD GORING: Ich mag Prinzipien nicht besonders, Vater. Dann eher noch Vorurteile.

SIR ROBERT CHILTERN will gerade das Angebot des Premierministers annehmen, als er merkt, dass seine Frau ihn mit offenem und vertrauensvollen Blick ansieht. Da begreift er, dass es unmöglich ist.

SIR ROBERT CHILTERN: Ich kann dieses Angebot nicht annehmen, Lord Caversham. Ich habe meine Entscheidung getroffen und lehne es ab.

LORD CAVERSHAM: Sie lehnen es ab?!

SIR ROBERT CHILTERN: Ich habe die Absicht, mich unverzüglich aus der Öffentlichkeit zurückzuziehen.

LORD CAVERSHAM *aufgebracht*: Sie lehnen einen Sitz im Kabinett ab und wollen sich aus der Öffentlichkeit zurückziehen? Noch niemals in meinem ganzen Leben habe ich so einen Schsch... 'tschuldigung... Entschuldigen Sie bitte, Lady Chiltern, Sir Chiltern, ich bitte vielmals um

Entschuldigung. *Zu LORD GORING* Grinse nicht so, junger Mann.

LORD GORING: Nein, Vater.

LORD CAVERSHAM: Lady Chiltern, Sie sind doch eine vernünftige Frau, die vernünftigste Frau hier in London, die vernünftigste Frau, die ich kenne. Würden Sie bitte so freundlich sein und Ihren Gatten davor bewahren so einen … so zu reden… Würden Sie bitte so freundlich sein, Lady Chiltern?

LADY CHILTERN: Ich glaube, mein Mann hat Recht mit seinem Entschluss und ich kann das nur begrüßen.

LORD CAVERSHAM: Sie finden das auch noch gut? Ach, du heiliger Bimbam!

LADY CHILTERN: Ich bewundere ihn dafür und zwar ungeheuer. Noch nie in meinem Leben habe ich meinen Mann so bewundert. Er ist noch feiner und edler, als selbst ich es glaubte. *Zu SIR ROBERT CHILTERN* Du wirst doch jetzt dem Premierminister schreiben, nicht wahr? Schieb' es nicht auf, Robert.

SIR ROBERT CHILTERN *mit einem Anflug von Bitterkeit*: Ich glaube, ich sollte ihm sofort schreiben. Dergleichen Angebote werden nicht wiederholt. Lord Caversham, ich bitte Sie, mich einen Augenblick zu entschuldigen.

LADY CHILTERN: Ich darf doch mitkommen, Robert?

SIR ROBERT CHILTERN: Ja, Gertrude.

LADY CHILTERN geht mit ihm hinaus.

LORD CAVERSHAM: Was ist nur mit dieser Familie los? Wohl etwas nicht ganz in Ordnung hier, was? *Tippt sich an die Stirn.* Vermutlich erblicher Schwachsinn. Und dann auch noch alle beide, Frau wie Mann. Traurig, traurig... Und dabei ist das noch nicht mal eine alte Familie. Ich kann es nicht begreifen.

LORD GORING: Nein, Vater, das ist kein Schwachsinn, ich versichere es dir.

LORD CAVERSHAM: Was dann?

LORD GORING *nach einigem Zögern*: Tja, das ist wohl das, was man heutzutage als politisch korrekte... ich meine natürlich moralisch einwandfreie Haltung bezeichnet.

LORD CAVERSHAM: Ich hasse diese weichgespülten Euphemismen heute. Vor fünfzig Jahren nannten wir das Schwachsinn. In diesem Hause bleibe ich nicht länger.

LORD GORING *fasst ihn beim Arm*: Oh, geh doch mal einen Augenblick da hinein, Vater. Zweite Palme links, die übliche Palme...

LORD CAVERSHAM: Wie bitte?

LORD GORING: Entschuldige, Vater, ich vergaß. Da ist jemand im Wintergarten, mit dem du einmal sprechen möchtest, ich bitte dich, Vater.

LORD CAVERSHAM: Und worüber?

LORD GORING: Über mich, Vater.

LORD CAVERSHAM *finster*: Nicht gerade ein Thema, das große Beredsamkeit ermöglicht.

LORD GORING: Nein, Vater. Aber die junge Dame ist wie ich. Ihr liegt nicht so viel an Beredsamkeit bei anderen. Das ist ihr doch mit etwas zu viel Lärm verbunden.

LORD CAVERSHAM geht in den Wintergarten. LADY CHILTERN tritt auf.

LORD GORING: Lady Chiltern, warum wollen Sie jetzt in Mrs Cheveleys Fußstapfen treten?

LADY CHILTERN *fährt zusammen*: Ich verstehe Sie nicht.

LORD GORING: Mrs Cheveley hat versucht, Ihren Mann zugrunde zu richten. Ihn entweder aus der Öffentlichkeit zu drängen oder ihn zu zwingen, eine ehrlose Haltung zu seiner eigenen zu machen. Vor letztgenannter Tragödie haben Sie ihn bewahrt – aber jetzt stürzen Sie ihn in die Andere. Warum wollen Sie ihm ausgerechnet **das** antun, was Mrs Cheveley nicht geschafft hat?

LADY CHILTERN: Lord Goring?

LORD GORING *rafft sich zu einer großen Anstrengung auf und lässt den Philosophen*

erkennen, der unter dem Dandy verborgen ist:
Wenn Sie gestatten, Lady Chiltern... Sie schrieben
mir gestern Abend einen Brief, in dem Sie sagten,
Sie hätten Vertrauen zu mir und würden meine
Hilfe brauchen. Jetzt ist der Augenblick
gekommen, wo Sie wirklich meine Hilfe
brauchen, und der Zeitpunkt, wo Sie mir
vertrauen müssen, meinem Rat und meinem
Urteil vertrauen müssen. Sie lieben Robert.
Wollen Sie etwa seine Liebe zu Ihnen töten? Was
für ein Dasein wird er fristen müssen, wenn Sie
ihn der Früchte seines Ehrgeizes berauben, wenn
Sie ihn aus dem Glanz einer großen politischen
Karriere reißen und ihm die Türen des
öffentlichen Lebens verschließen, wenn Sie ihn
zum Scheitern und zum fruchtlosen Herumsitzen
verdammen, ihn, der für Triumph und Erfolg
geschaffen ist. Frauen sind nicht dazu da, um uns
zu verurteilen, sondern uns zu vergeben, wenn
wir Vergebung brauchen. Vergeben, nicht
Verdammen ist ihre Aufgabe. Warum ziehen Sie
solche rhetorischen Keulen und knüppeln ... ich
meine natürlich: Warum geißeln Sie ihn so, für
eine Jugendsünde lange bevor er Sie
kennengelernt hat, lange bevor er sich selbst
überhaupt kannte? **[...]** Machen Sie jetzt bloß
keinen Fehler, Lady Chiltern. Eine Frau, die sich

die Liebe eines Mannes bewahren und ihn wiederlieben kann, hat alles getan, was die Welt von einer Frau erwartet oder vielmehr erwarten sollte.

LADY CHILTERN *gequält und zögernd*: Aber mein Mann selbst wünscht, sich aus der Öffentlichkeit zurückzuziehen. Er fühlt, dass es seine Pflicht ist. Das hat er doch zuerst gesagt.

LORD GORING: Bevor Robert Ihre Liebe verliert, würde er alles tun, seine ganze Karriere hinschmeißen, und jetzt steht er kurz davor. Er bringt Ihnen ein entsetzliches Opfer. Hören Sie auf meinen Rat, Lady Chiltern, und nehmen Sie ein so großes Opfer nicht an. Wenn Sie das tun, werden Sie es später noch bitter bereuen. Wir Männer und Frauen sind nicht dafür geschaffen, so große Opfer von einander anzunehmen. Wir sind ihrer nicht würdig. Außerdem ist Robert schon genug bestraft.

LADY CHILTERN: Wir sind beide bestraft worden. Ich habe ihn zu hoch erhoben.

LORD GORING *mit tiefem Gefühl in der Stimme*: Setzen Sie ihn jetzt deshalb nicht zu tief herab.

Wenn er vom Altar gestürzt ist, stoßen Sie ihn nicht auch noch hinab in den Schmutz. Zum Nichtstun verdammt im Bewusstsein des Scheiterns – genau das ist für Robert der Schmutz der Schmach. Die Macht ist seine Leidenschaft. Er würde alles verlieren und wäre dann nicht einmal mehr fähig, Liebe zu empfinden. Das Leben Ihres Mannes liegt in diesem Augenblick in Ihrer Hand, die Liebe Ihres Mannes liegt in Ihrer Hand. Zerstören Sie ihm nicht beides.

SIR ROBERT CHILTERN tritt auf.

SIR ROBERT CHILTERN: Hier ist der Entwurf meines Briefes, Gertrude. Soll ich ihn dir vorlesen?

LADY CHILTERN: Lass mich sehen.

SIR ROBERT reicht ihr den Brief. Sie liest ihn und zerreißt ihn dann mit leidenschaftlicher Gebärde.

SIR ROBERT CHILTERN: Was tust du?

LADY CHILTERN: [...] Ich werde dir doch nicht dein Leben zerstören oder zusehen, wie du es zerstörst... als ein Opfer für mich, ein sinnloses

Opfer.

SIR ROBERT CHILTERN: Gertrude, Gertrude!

LADY CHILTERN: Du kannst vergessen. Männer vergessen leicht. Und ich verzeihe. Auf diese Weise helfen wir Frauen den Menschen. Das sehe ich jetzt ein.

SIR ROBERT CHILTERN *umarmt sie, von seinen Gefühlen übermannt*: Gertrude! Meine Gertrude! *Zu LORD GORING* Wie 's aussieht, Arthur, steh' ich wohl für immer in deiner Schuld.

LORD GORING: Robert, du liebe Güte, nein. In Lady Chilterns Schuld stehst du, nicht in meiner.

SIR ROBERT CHILTERN: Ich verdanke dir so viel. Und jetzt erzähl doch, was du mich fragen wolltest, als Lord Caversham hereinkam.

LORD GORING: Robert, du bist der Vormund deiner Schwester und ich möchte deine Einwilligung, sie zu heiraten. Das ist alles.

LADY CHILTERN: Oh, ich freue mich so! Ich freue mich so! *Drückt LORD GORING die Hand.*

SIR ROBERT CHILTERN *mit besorgter Miene*:
Meine Schwester soll deine Frau werden?

LORD GORING: Ja.

SIR ROBERT CHILTERN *spricht mit aller
Entschlossenheit*: Arthur, es tut mir sehr leid,
aber die Sache kommt überhaupt nicht in Frage.
Ich muss an Mabels künftiges Glück denken. Ich
kann nicht zulassen, dass sie geopfert wird.

LORD GORING: Geopfert?

SIR ROBERT CHILTERN: Ja, buchstäblich
geopfert. Ehen ohne Liebe sind abscheulich. Aber
es gibt etwas noch Schlimmeres als eine völlig
lieblose Ehe: Eine Ehe, in der die Liebe... nur auf
einer Seite ist, eine Ehe voller Treue und Hingabe,
aber eben nur auf einer Seite, eine Ehe, in der von
den beiden Herzen das eine über kurz oder lang
brechen muss.

LORD GORING: Aber ich liebe Mabel. Keine
andere Frau spielt in meinem Leben auch nur
irgendeine Rolle!

LADY CHILTERN: Robert, wenn sie einander lieben, warum sollen sie dann nicht heiraten?

SIR ROBERT CHILTERN: Arthur kann Mabel nicht die Liebe entgegenbringen, die sie verdient.

LORD GORING: Und welchen Grund hast du, das zu behaupten?

SIR ROBERT CHILTERN *nach einer Pause*: Verlangst du wirklich von mir, dass ich dir das sage?

LORD GORING: Aber sicher doch.

SIR ROBERT CHILTERN: Wie du willst. Als ich gestern zu dir kam, fand ich Mrs Cheveley in deinen Räumlichkeiten verborgen. Es war zwischen zehn und elf Uhr nachts. Mehr möchte ich nicht dazu sagen. Deine Beziehungen zu Mrs Cheveley – wie ich dir gestern Nacht schon sagte – gehen mich nicht das Geringste an. Ich weiß, dass du früher mal mit ihr verlobt warst. Die Faszination, die sie einst auf dich ausgeübt hat, ist wohl wiedererwacht, wie es scheint,... so wie du gestern Nacht zu mir von ihr gesprochen hast. Rein und unschuldig hast du sie genannt, eine

Frau, die du ehrst und respektierst. Mag sein. Aber ich kann das Leben meiner Schwester nicht in deine Hände geben. Das wäre absolut falsch von mir. Es wäre so ungerecht ihr gegenüber, ein schändliches Unrecht!

LORD GORING: Dann habe ich nichts mehr zu sagen.

LADY CHILTERN: Robert, es war nicht Mrs Cheveley, die Lord Goring gestern Nacht erwartet hat.

SIR ROBERT CHILTERN: Nicht Mrs Cheveley? Wer dann?

LORD GORING: Lady Chiltern!

LADY CHILTERN: Es war deine eigene Frau. Gestern Nachmittag sagte mir Lord Goring, wenn ich je in Not sei, könne ich zu ihm kommen, wo er doch unser bester und ältester Freund sei. Später, nach der schrecklichen Szene, schrieb ich ihm, dass ich ihm vertraue, dass ich ihn brauche, und dass ich zu ihm käme, nämlich um ihn um Rat und Hilfe zu bitten. *SIR ROBERT zieht den Brief aus seiner Tasche.* Ja, genau diesen Brief. Aber dann bin ich doch nicht zu Lord Goring gegangen. Ich hatte das Gefühl, dass wir uns allein helfen müssten. Stolz ließ mich so denken. Stattdessen kam Mrs Cheveley. Sie stahl meinen Brief und hat ihn dir heute Morgen anonym geschickt, damit du glauben solltest... Oh Robert, ich kann dir nicht sagen, auf was für Gedanken sie dich bringen wollte...

SIR ROBERT CHILTERN: Wie? War ich in deinen Augen schon so tief gesunken, dass du glaubtest, ich könne auch nur eine Sekunde an deinem edlen Charakter zweifeln? Gertrude, Gertrude, du bist für mich das makellose Bild all dessen, was gut ist, und nie kann Sünde dich erreichen. Arthur, du kannst jetzt zu Mabel und zwar mit meinen besten Wünschen. Oh! Warte noch einen Augenblick. Der Brief enthält keine Anrede. Das scheint die clevere Mrs Cheveley nicht bemerkt zu haben. Es sollte dort ein Name stehen.

LADY CHILTERN: Lass mich deinen eintragen. Denn dir vertrau' ich und dich brauch' ich, dich und nur dich allein.

LORD GORING: Also wirklich, Lady Chiltern, ich glaube, ich möchte doch ganz gerne meinen Brief zurück.

LADY CHILTERN *lächelnd*: Nein, du sollst Mabel bekommen. *Nimmt den Brief und schreibt den Namen ihres Mannes darauf.*

LORD GORING: Nun, ich hoffe nur, sie hat ihre Meinung nicht doch noch geändert. Es ist jetzt schon zwanzig Minuten her, seit ich sie zuletzt gesehen habe.

MABEL CHILTERN und LORD CAVERSHAM treten auf.

MABEL CHILTERN: Lord Goring, ich finde die Gespräche mit Ihrem Vater viel erhebender als mit Ihnen. In Zukunft werde ich nur mit Lord Caversham plaudern, und immer nur unter der üblichen Palme.

LORD GORING: Liebling! *Küsst sie.*

LORD CAVERSHAM *sichtlich verblüfft*: Was soll das heißen, junger Mann? Du willst doch wohl nicht behaupten, dass diese gescheite, reizende junge Dame so dumm gewesen ist, dich zu erhören?

LORD GORING: Aber sicher doch, Vater. Und Chiltern ist so vernünftig, den Sitz im Kabinett anzunehmen.

LORD CAVERSHAM: Ich freue mich so, das zu hören, Chiltern... Ich gratuliere Ihnen. Wenn England nicht vor die Hunde geht oder den Radikalen in die Hände fällt, werden Sie eines Tages Premierminister.

MASON tritt auf.

MASON: Das Mittagessen wäre angerichtet, Mylady.

LADY CHILTERN: Sie bleiben doch zum Essen, nicht wahr, Lord Caversham?

LORD CAVERSHAM: Mit Vergnügen, Lady Chiltern, und danach, Chiltern, fahre ich Sie zur Downing Street. Sie haben noch eine große Zukunft vor sich, eine große Zukunft. *Zu LORD GORING* Ich wünschte, ich könnte dasselbe von dir sagen, junger Mann. Aber deine weitere Karriere wird wohl rein häuslich sein.

LORD GORING: Ja, Vater, ich hab es viel lieber häuslich.

LORD CAVERSHAM: Und wenn du dieser jungen Dame kein idealer Ehemann sein wirst, dann enterbe ich dich.

MABEL CHILTERN: Ein idealer Ehemann? Ich glaube nicht, dass mir das besonders gefallen würde. Das klingt so nach Jenseits.

LORD CAVERSHAM: Wie möchten Sie ihn dann haben, Liebes?

MABEL CHILTERN: Er kann sein, wie er will. Ich möchte weiter nichts, als... oh! als ihm eine wirkliche Frau sein.

LORD CAVERSHAM: Auf mein Wort, Lady Chiltern, darin liegt eine Menge gesunder Menschenverstand.

Alle, bis auf SIR ROBERT CHILTERN, gehen hinaus. In Gedanken versunken lässt er sich in einen Sessel fallen. Nach einer kleinen Weile kommt LADY CHILTERN zurück, um nach ihm zu sehen.

LADY CHILTERN *beugt sich über die Sessellehne*: Kommst du nicht, Robert?

SIR ROBERT CHILTERN *nimmt ihre Hand*: Gertrude, ist es Liebe, was du für mich empfindest, oder ist es nur Mitleid?

LADY CHILTERN *küsst ihn*: Es ist Liebe, Robert, Liebe und nur Liebe allein. Für uns beide beginnt jetzt ein neues Leben.

ENDE

Nachwort der Printausgabe

Ein Politiker mit einem dunklen Geheimnis, Betrug, zwielichtige Börsenspekulanten, Heuchelei und Doppelmoral, sowie eine junge Frau, die in ihrem Tugendeifer weit über das Ziel hinausschießt...

Der Blick auf die Thematik von Oscar Wildes Komödie *An Ideal Husband* zeigt, dass dieses Stück zeitlos und zugleich erstaunlich aktuell ist. Oscar Wildes feingeschliffene Sprache macht es zu einem großen Lesevergnügen – jedenfalls habe es ich so empfunden. Ziel der vorliegenden Übersetzung war es, dieses Vergnügen mit meinen Lesern zu teilen, Oscar Wildes sprühende Geistesfunken auch im deutschen Text aufscheinen zu lassen und eine zeitlose und zugleich aktuelle Übertragung zu schaffen. Es war meine Absicht, *An Ideal Husband* als ein E-Book auf den Markt zu bringen, das mit Vergnügen gelesen wird.

Deshalb habe ich zum einen, wo immer eine wörtliche Übersetzung im Deutschen verstaubt, hölzern und gespreizt gewirkt hätte, den Text aufpoliert und diskret modernisiert. Andererseits konnte ich das Lesevergnügen natürlich nicht durch eine übermäßige Häufung von Klammern

und Fußnoten stören. Als Literaturwissenschaft-
ler, der ich nun auch einmal bin, bin ich mit dieser
Situation nicht ganz zufrieden und muss mich
daher zum Schluss doch noch zu Wort melden
und meine Arbeit am Text so kurz wie möglich
erklären:

Was Sie hier sehen, ist ein gut fünfundneunzig-
prozentiger Oscar Wilde, so frei übersetzt, dass
bei wissenschaftlich korrekter Arbeitsweise
einige Anmerkungen in Klammern und Fußnoten
eigentlich nötig gewesen wären, jedoch nicht frei
genug, als dass man von einer eigenen
Bearbeitung sprechen könnte. Darum habe ich
mich – vom Schmutztitel der
E-Book- Ausgabe abgesehen – bezgl. der weiteren
bibliographischen Angaben für die Formulierung
ins Deutsche übertragen von entschieden.

In ein paar wenigen Fällen aber – und das sind
jene fehlenden fünf Prozent – habe ich ganz
bewusst in den Text eingegriffen.

In zwei Fällen war jedoch dabei die Verwendung
von Klammern im Text unvermeidlich. Dazu
gehört insbesondere Lord Gorings Appell an Lady
Chiltern im vierten Akt, eine aus heutiger Sicht
problematische Stelle. Ich habe mich hier ganz
bewusst dafür entschieden, den Text dahingehend
zu kürzen, dass Lord Goring an Lady Chilterns

Liebe zu ihrem Mann appelliert. Die Streichung wurde mit [...] markiert. Im Anschluss an vorliegendes Nachwort ist auf S. 242 die deutsche Übersetzung von Wildes Originalwortlaut in voller Länge zu finden.

Ich wünsche Ihnen viel Spaß mit der vorliegenden Übersetzung.

Oktober 2015,
Michael Rasmus Schernikau

Anhang

Lord Gorings Appell an Lady Chiltern, 4. Akt (ungekürzt)

Von Schernikau vorgenommene Kürzungen im Text hier kursiv hervorgehoben.

LORD GORING (*rafft sich zu einer großen Anstrengung auf und lässt den Philosophen erkennen, der unter dem Dandy verborgen ist*): Wenn Sie gestatten, Lady Chiltern... Sie schrieben mir gestern Abend einen Brief, in dem Sie sagten, Sie hätten Vertrauen zu mir und würden meine Hilfe brauchen. Jetzt ist der Augenblick gekommen, wo Sie wirklich meine Hilfe brauchen, und der Zeitpunkt, wo Sie mir vertrauen müssen, meinem Rat und meinem Urteil vertrauen müssen. Sie lieben Robert. Wollen Sie etwa seine Liebe zu Ihnen töten? Was für ein Dasein wird er fristen müssen, wenn Sie ihn der Früchte seines Ehrgeizes berauben, wenn Sie ihn aus dem Glanz einer großen politischen Karriere reißen und ihm die Türen des öffentlichen Lebens verschließen, wenn Sie ihn zum Scheitern und zum fruchtlosen Herumsitzen verdammen, ihn, der für Triumph und Erfolg geschaffen ist. Frauen sind nicht dazu da, um uns zu verurteilen, sondern uns zu vergeben, wenn wir Vergebung brauchen. Vergeben, nicht Verdammen ist ihre Aufgabe. Warum geißeln Sie ihn so, für eine Jugendsünde lange bevor er Sie kennengelernt hat, bevor er sich selbst überhaupt kannte?

Das Leben eines Mannes wiegt schwerer als das Leben einer Frau. Es hat größere Wirkung, einen weiteren Horizont, höhere Ziele und größeren Ehrgeiz. Das Leben einer Frau bewegt sich auf und ab in Gefühlskurven. Das Leben eines Mannes verläuft auf den Linien des Verstandes [*und zwar kontinuierlich vorwärts*]. Begehen Sie nicht einen furchtbaren Fehler, Lady Chiltern.

Eine Frau, die sich die Liebe eines Mannes bewahren und ihn wiederlieben kann, hat alles getan, was die Welt von einer Frau erwartet oder vielmehr erwarten sollte.

Dementsprechend erfolgt Lady Chilterns Reaktion:

(*SIR ROBERT reicht ihr den Brief. Sie liest ihn und zerreißt ihn dann mit leidenschaftlicher Gebärde.*)

SIR ROBERT CHILTERN: Was tust du?

LADY CHILTERN: *Das Leben eines Mannes wiegt schwerer als das Leben einer Frau. Es hat größere Wirkung, einen weiteren Horizont, höhere Ziele und größeren Ehrgeiz. Das Leben einer Frau bewegt sich auf und ab in Gefühlskurven. Das Leben eines Mannes verläuft auf den Linien des Verstandes [und zwar kontinuierlich vorwärts]. Das und noch viel mehr habe ich soeben von Lord Goring gelernt. Und*
ich werde dir nicht dein Leben zerstören oder zusehen, wie du es zerstörst... als ein Opfer für mich, ein sinnloses Opfer.

Über den Autor

Oscar (Fingal O'Flahertie Wills) Wilde wurde 1854 in Dublin geboren, als Sohn des Arztes William Wilde und der Dichterin Jane Francesca Elgee. Er studierte Klassische Philologie am Trinity College in Dublin und am Magdalen College in Oxford. 1881 erschien sein Gedichtband *Poems*. Sein 1891 erschienener Skandalroman *The Picture of Dorian Gray* (*Das Bildnis des Dorian Gray*) gilt heute als Meisterwerk der Weltliteratur.

Wilde war bekannt für seine Wortgewandtheit, seine feingeschliffenen Formulierungen und seinen extravaganten Lebensstil als Dandy.

Auf der Höhe seines Erfolges verstrickte sich Wilde in eine verhängnisvolle Affäre mit Lord Alfred Douglas, woraufhin 1895 infolge einer erfolglosen Verleumdungsklage gegen den Marquess of Queensberry, Lord Alfred Douglas' Vater, Wildes Homosexualität öffentlich wurde. Aufgrund der damaligen Rechtslage wurde Wilde nach zwei weiteren Verfahren wegen „gross indecency" („schwerer Unzucht") zu zwei Jahren Zuchthaus mit schwerer Zwangsarbeit verurteilt. Verarmt und gesundheitlich schwer angeschlagen floh er nach seiner Entlassung 1897 vor gesellschaftlicher Ächtung nach Paris, wo er 1900 starb.

1895 wurden zwei der wohl beliebtesten Komö-
dien Oscar Wildes uraufgeführt:
An Ideal Husband und *The Importance of Being
Earnest* (im deutschsprachigen Raum unter ver-
schiedenen Titeln und in verschiedenen
Fassungen bekannt:
z.B. *Bunbury*;
Ernst sein ist alles, die Verfilmung von 2002;
Ernst ist das Leben von Elfriede Jelinek).